Esta línea es mi arma

Lotty Rosenfeld

Chile

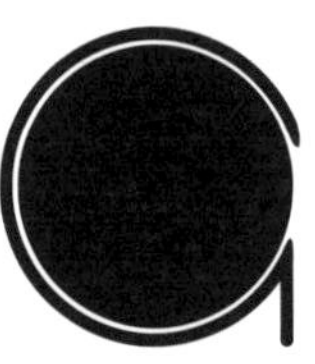

OVERBECK-GESELLSCHAFT   KUNSTVEREIN LÜBECK E.V.

Tochter, Exilantin, Feministin, urbane Choreografin, politische Aktivistin und Konzeptkünstlerin – Lotty Rosenfeld wurde 1943 in Santiago de Chile, in eine Familie geboren, die von den Erfahrungen des Exils und des Überlebens geprägt war. Ihr Vater, Ernst Rosenfeld, floh 1935 vor dem Nationalsozialismus nach Lateinamerika – als Teil der ersten Welle jüdischer Geflüchteter, die in Lateinamerika Schutz suchten. Lotty Rosenfelds Großeltern, Rudolf und Charlotte Rosenfeld, waren deutschsprachige Jüd:innen aus Breslau (heute Wrocław, Polen) und einst Eigentümer:innen des Hotel Rom, eines florierenden Unternehmens, in dem sich in der Zwischenkriegszeit Gastlichkeit und bürgerliches Leben begegneten. Das Hotel und ihr gesamtes Lebensumfeld wurde ihnen 1934 gewaltsam genommen. Charlotte und Rudolf Rosenfeld überlebten den Holocaust im erzwungenen Exil in Sibirien. Nach Kriegsende wurden sie in Santiago mit ihrem Sohn Ernst wiedervereint. Dort bauten sie nicht nur ihre Familie, sondern auch eine neue Existenz auf – 1946 eröffneten sie das Café Villa Real, einen Ort der Erinnerung, an dem die Rezepte aus Breslau im Nachkriegs-Chile neue Gestalt annahmen.

Aufgewachsen im Schatten dieser Zäsur – in einem von Verlust, Entwurzelung und Resilienz geprägten Zuhause – wurde Lotty Rosenfeld zu einer Künstlerin, die nicht nur politische Systeme infrage stellte, sondern auch die ihnen zugrunde liegenden Strukturen von Raum, Zeit und Sprache. Ihre künstlerische Praxis entwickelte sich auf dem Höhepunkt der Pinochet-Diktatur, in einer Zeit, in der Protest kriminalisiert wurde und das öffentliche Leben von Angst bestimmt war. Inmitten dieses repressiven Klimas eroberte Rosenfeld die Straße – als Medium und als Botschaft.

Im Jahr 1978 begann Lotty Rosenfeld auf einer historischen Fotografie, die eine Massenverhaftung der Nationalsozialisten in Amsterdam 1941 festhält, mit ihrer ikonischen künstlerischen Geste zu intervenieren. Diese frühen Eingriffe markieren das erste Auftreten der weißen Linie.

1979 begann Rosenfeld mit ihrer bekanntesten Werkserie: *Una milla de cruces sobre el pavimento* (Eine Meile aus Kreuzen auf dem Asphalt). Mit weißem Klebeband und einer tragbaren Schablone verwandelte sie die Linien des Straßenverkehrs in Kreuze – in X-Zeichen des Widerstands und der Verweigerung. Diese ephemeren Gesten führte sie vor Zentren der Macht wie Präsidentenpalästen, in weiten Wüsten, vor Botschaften und Börsen aus. Sie prägten nicht nur den Raum, sondern auch das kollektive Bewusstsein. Rosenfeld selbst nannte diese Werke eine „acción simbólica de desobediencia" – einen symbolischen Akt des Ungehorsams, die sie genau dort inszenierte, wo Erinnerung ausgelöscht und Bedeutung überschrieben worden war.

Als Mitbegründerin des Colectivo Acciones de Arte (CADA) arbeitete Rosenfeld mit Dichter:innen, Soziolog:innen und Künstler:innen daran, Kunst als Instrument des gesellschaftlichen Engagements neu zu definieren. Ihre Materialien waren schlicht – Klebeband, eine Linie, Papier – doch ihr Anspruch war visionär. Auf die Rückseite ihrer Fotografien schrieb sie: *„Esta línea es mi arma"* („Diese Linie ist meine Waffe").

Diese Publikation, die zur Ausstellung LOTTY ROSENFELD: ESTA LÍNEA ES MI ARMA erscheint, gibt erstmals Einblicke in das persönliche Archiv und die Familiengeschichte der Rosenfelds. Sie zeichnet den Weg vom jüdisch-bürgerlichen Leben in Breslau über das Exil bis hin zum Neubeginn in Chile nach. Die Publikation gewährt einen seltenen, intimen Einblick in die familiären und diasporischen Kontexte, die Rosenfelds künstlerisches und politisches Denken prägten. Indem sie persönliche Erinnerung mit öffentlicher Geste verknüpfte, forderte Rosenfeld nicht nur Raum für jene zurück, die von totalitären Regimen ausgelöscht wurden – sie entwarf ihn neu: als Kartografie zwischen Überleben und Widerstand, Schweigen und Signal, Vertreibung und Zugehörigkeit.

Daughter, exile, feminist, urban choreographer, political activist, and conceptual artist, Lotty Rosenfeld was born in Santiago de Chile in 1943, into a family marked by the experiences of exile and survival. Her father, Ernst Rosenfeld, had fled Nazi Germany in 1935 as part of the early wave of Jewish refugees seeking safety in Latin America. Her grandparents Rudolf and Charlotte Rosenfeld—German-speaking Jews from Breslau (now Wrocław, Poland)—were once the owners of the Hotel Rom, a thriving business where hospitality met civic life in interwar Germany. The hotel, like their world, was violently taken from them in 1934. Charlotte and Rudolf survived the Holocaust in forced exile in Siberia and, after the war, were reunited with Ernst in Santiago. There, they rebuilt not only a family but a livelihood—opening Café Villa Real in 1946, a space rooted in memory where recipes from Breslau found new life in postwar Chile.

Raised in the wake of this rupture—within a household shaped by displacement, loss, and resilience—Lotty Rosenfeld grew up to be an artist who would challenge not only dominant political systems, but also the very structures of space, time, and language. Her practice emerged at the height of the Pinochet dictatorship, when protest was criminalized and public life governed by fear. Against this turbulent backdrop, Rosenfeld claimed the street as both medium and message.

In 1978, Rosenfeld began to intervene on a historical photograph depicting a mass arrest by the National Socialists in Amsterdam in 1941, using her iconic artistic gesture. These early interventions mark the first appearance of the white line.

In 1979, Rosenfeld began her most reknown work: *Una milla de cruces sobre el pavimento* (A mile of crosses on the pavement). With white tape and a portable stencil, she turned traffic lines into crosses—X-marks of disobedience and defiance. These ephemeral gestures, which she performed in front of centers of power including presidential palaces, vast deserts, embassies, and stock exchanges, marked not just space but the collective conscience. She called these works "una acción simbólica de desobediencia"—a symbolic act of refusal, staged precisely where memory had been erased and meaning overwritten.

As one of the co-founders of the Colectivo Acciones de Arte (CADA), Rosenfeld worked alongside poets, sociologists, and artists to reimagine art as a tool of social engagement. Her materials were modest—tape, line, paper—but her intentions were expansive. As she inscribed on the back of her photographs, "Esta línea es mi arma" ("This line is my weapon").

This publication, which accompanies the exhibition LOTTY ROSENFELD: ESTA LÍNEA ES MI ARMA, is the first to bring together the personal archive and history of the Rosenfeld family, tracing their trajectory from Jewish middle-class life in Breslau through exile and the reconstruction of home in Chile. It offers a rare and intimate view of the familial and diasporic legacies that shaped Rosenfeld's art and politics. By weaving personal memory with public gesture, Rosenfeld not only reclaimed space for those erased by totalitarian regimes, but reimagined it—mapping the distance between survival and dissent, silence and signal, displacement and belonging.

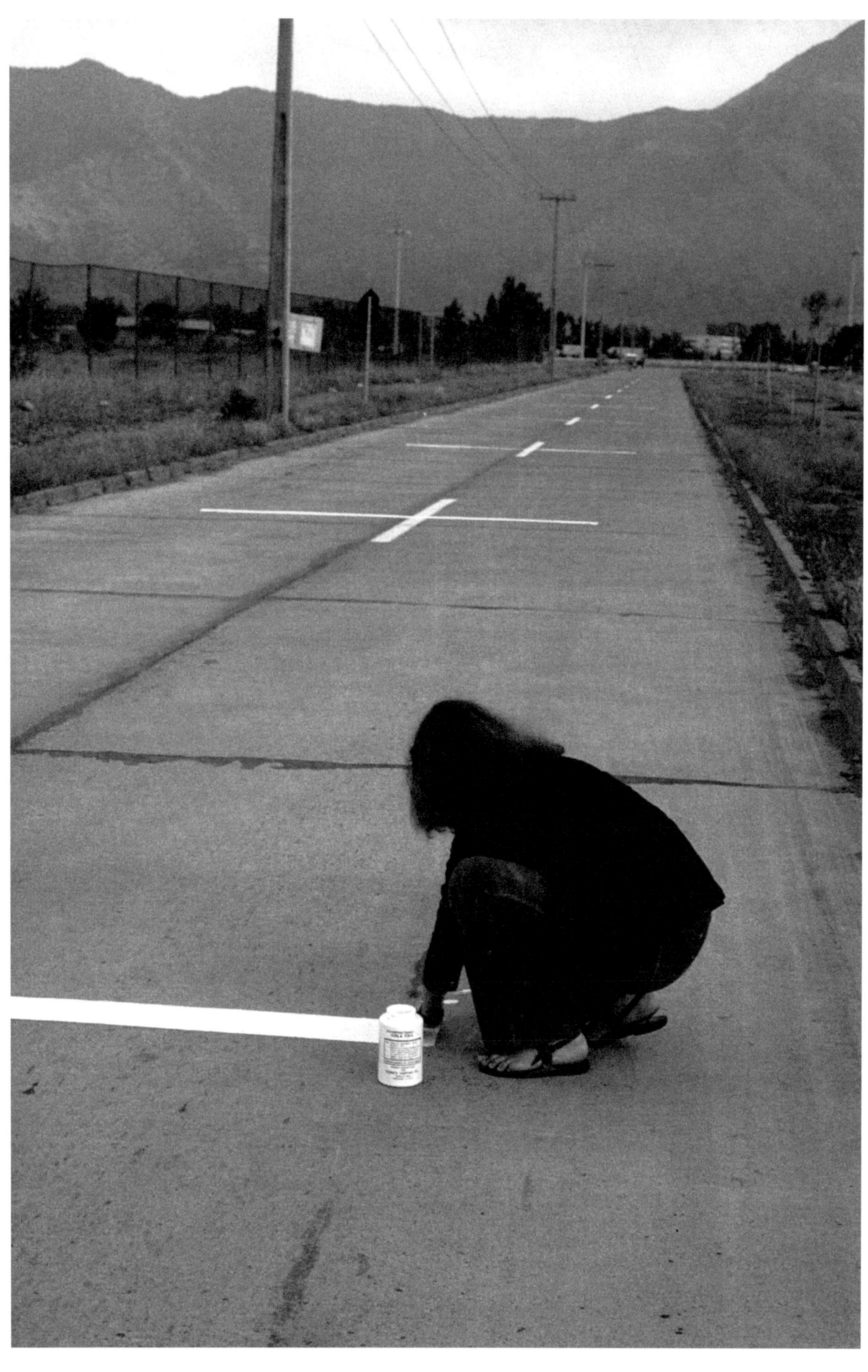

Lotty Rosenfeld, *Una milla de cruces sobre el pavimento*, 1979
Lotty Rosenfeld, *Una milla de cruces sobre el pavimento*, 1979

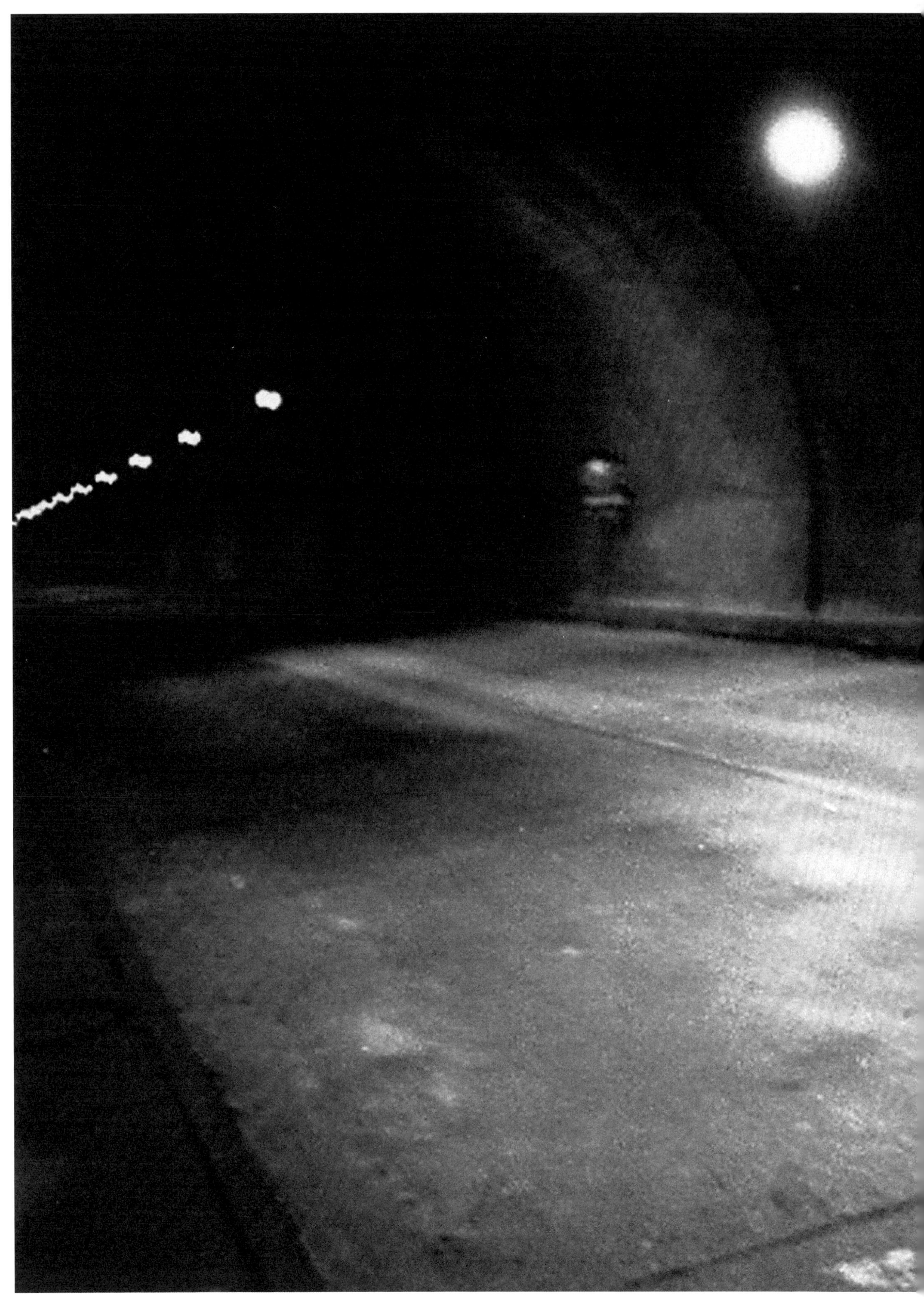

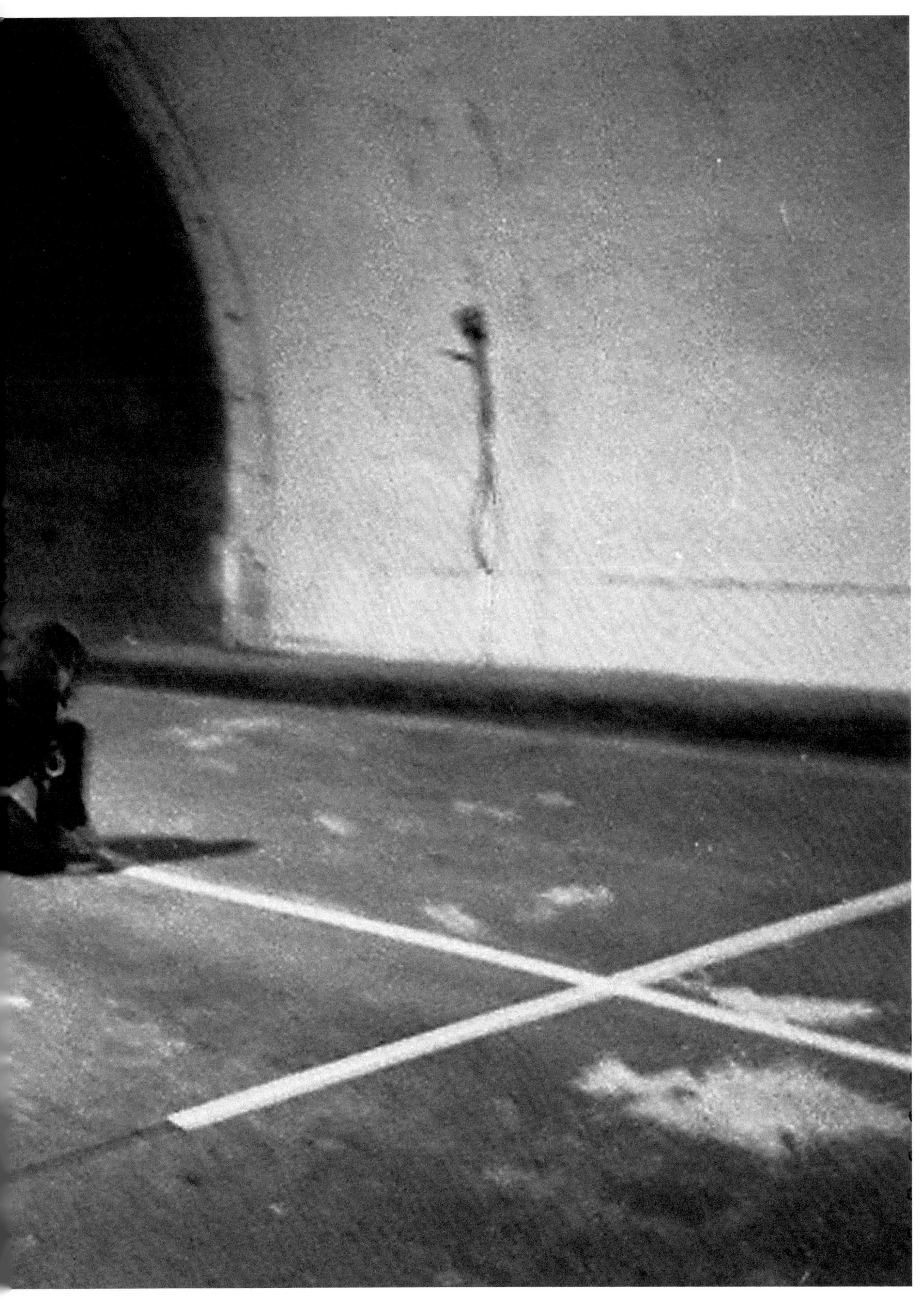

Lotty Rosenfeld, *Proposición para (entre) cruzar espacios límites*, 1983
Lotty Rosenfeld, *Proposición para (entre) cruzar espacios límites*, 1983

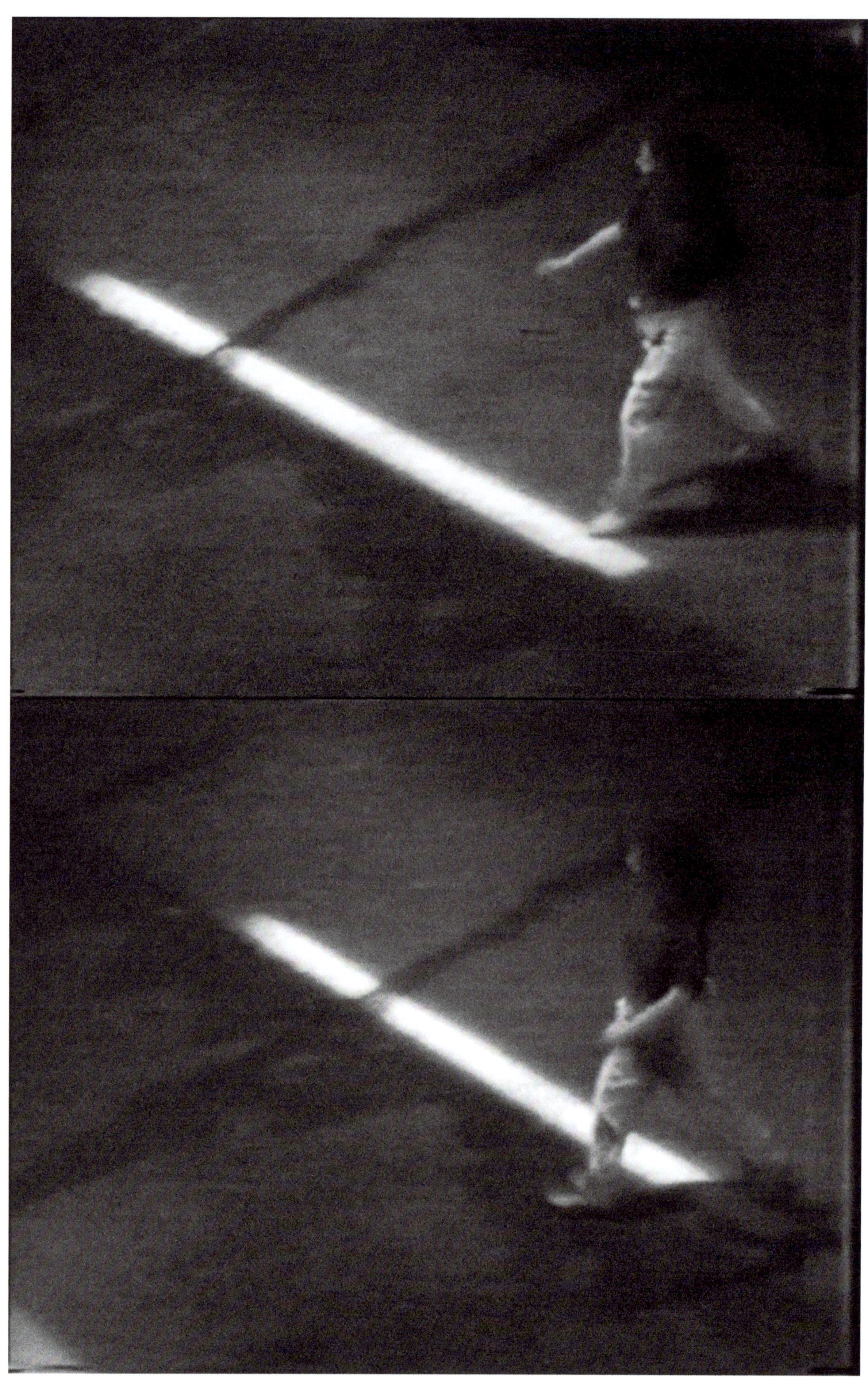

Lotty Rosenfeld, *Esta línea es mi arma*, 1987
Lotty Rosenfeld, *Esta línea es mi arma*, 1987

INHALTSVERZEICHNIS

Ein Gespräch zwischen Paula Kommoss
und Alejandra Coz Rosenfeld

TABLE OF CONTENTS

A conversation between Paula Kommoss
and Alejandra Coz Rosenfeld

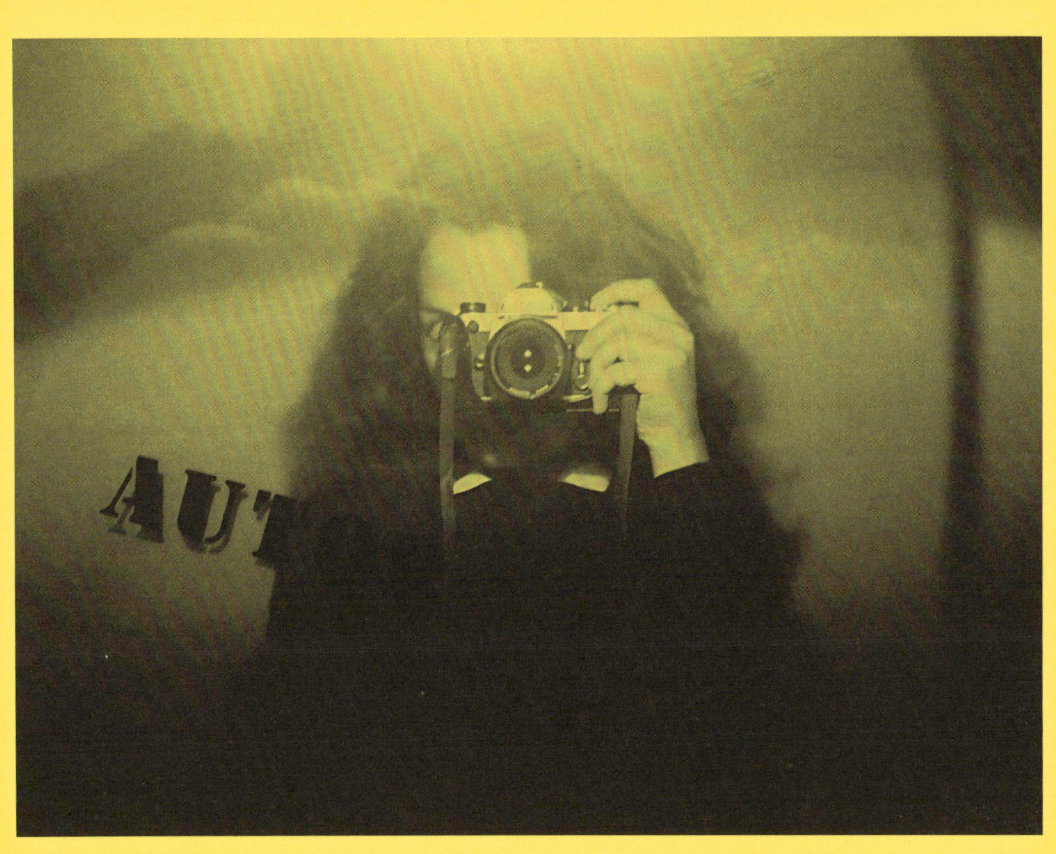
AUT

Im Sommer 2024 führte ein erster Besuch in der Fundación Lotty Rosenfeld zu einer unerwarteten Entdeckung: einer Sammlung deutschsprachiger Dokumente. Zwischen Briefen, Aufzeichnungen und Fragmenten der Familiengeschichte fiel ein kleines Schriftstück besonders ins Auge – ein handgeschriebener Brief aus dem Jahr 1940, dessen fragile und intime Beschaffenheit sofort seine große Relevanz signalisierte. Verfasst wurde er von Steffi Rosenfeld, der ältesten Schwester von Lotty Rosenfelds Vater, geschrieben im Arbeitslager Vyhne in der Slowakei. Während ihrem Bruder 1935 die Flucht nach Chile gelang, blieb sie zurück. Von Vyhne aus wurde sie nach Auschwitz deportiert und ermordet.

Als Steffis Worte auf Deutsch laut vorgelesen und für Alejandra Coz Rosenfeld, der Tochter von Lotty Rosenfeld, die den Brief noch nie hatte lesen können, übersetzt wurden, verwandelte sich das Schriftstück von einem privaten Fragment in einen gemeinsamen Moment der Erinnerung.

Dieser Moment offenbarte nicht nur die Verletzlichkeit von Erinnerung, sondern auch ihre Bedeutung. Der Brief wurde zu mehr als nur einer Spur im Archiv; er wurde zu einer Stimme, die über Generationen hinweg weitergetragen wurde – eindringlich und unauslöschlich. Dokument und Zeugnis zugleich, forderte er seine Platzierung im Zentrum der Ausstellung ein, um den persönlichen Verlust in einen größeren Zusammenhang von Exil, Schweigen und Überleben zu rücken.

Die Entdeckung ging über das einzelne Schriftstück hinaus. Zusammen mit dem Brief fanden sich offizielle Papiere: Dokumente der Nachkriegszeit, die den mühsamen Versuch der Familie bezeugen, im Rahmen der Wiedergutmachung Anerkennung und Entschädigung zu erlangen. Über Jahre zog sich ein schriftlicher Austausch hin, bis schließlich eine kleine Rente bewilligt wurde – Geste und Symbol, unzureichend und zugleich aufgeladen. Der Antrag auf „Schaden an Freiheit" hingegen wurde abgelehnt, mit dem Verweis auf die polnische Staatsangehörigkeit der Familie.

In dieser Ablehnung wird das Paradox der rechtlichen Kategorien sichtbar: Obwohl die Familie Deutsch sprach und bewusst nach Breslau gezogen war, damit ihre Kinder in einem deutschsprachigen Umfeld aufwachsen konnten, wurde ihr Leben nach der Staatsangehörigkeit und nicht nach der Zugehörigkeit bewertet. Identität erscheint hier zugleich hervorgehoben und ausgelöscht. Die Dokumente zeigen nicht nur, wie beharrlich Familien auf der Suche nach Anerkennung sich durch bürokratische Systeme bewegen, sondern auch die Grenzen der Gerechtigkeit, wenn Erinnerung und gelebte Erfahrung auf administrative Kategorien reduziert werden.

In the summer of 2024, a first visit to the Fundación Lotty Rosenfeld in Barcelona led to an unexpected discovery: a collection of documents written in German. Among letters, records, and fragments of family history, one small scrap of paper stood apart—a handwritten letter, dated 1940. Its presence—fragile and intimate—immediately signaled its weight. This was a letter written by Steffi Rosenfeld, the eldest sister of Lotty Rosenfeld's father, composed from Vyhne, a Nazi labor camp in Slovakia. Unlike her brother, who in 1935 had made the journey from Breslau to Chile to escape persecution, Steffi had remained in Europe. From Vyhne, Steffi was deported to Auschwitz, where she would be murdered.

Encountering Steffi's words in German, and simultaneously translating them aloud to Alejandra Coz Rosenfeld—the daughter of Lotty Rosenfeld, who had never heard them before—transformed the letter from a private fragment into a shared act of remembrance. This moment revealed not only the vulnerability of memory but also its urgency. The letter became more than an archival trace; it was a voice carried across generations, insistent and unerasable. At once document and testimony, it demanded to be placed at the center of the exhibition's narrative, situating personal loss within the broader histories of exile, silence, and survival.

The significance of this discovery extended beyond a single letter. Other documents in German surfaced alongside it, official records that offered a glimpse into the Rosenfelds' long and arduous attempts at obtaining some form of justice after the war. These papers detail the bureaucratic processes of *Wiedergutmachung*—the restitution policies implemented in postwar Germany. Within them lies a written exchange, stretching across years, in which the family sought recognition of and compensation for their immeasurable loss. Eventually, a small pension was granted by the *Bezirksamt* (district administrative office) responsible for such cases, a gesture that is at once both insufficient and deeply symbolic. Yet, their claim for *Schaden auf Freiheit*—compensation for the loss of liberty—was denied on the grounds of the family's Polish, rather than German, citizenship.

This refusal underscores the cruel paradox at the heart of such legal frameworks: even though the family spoke German and had deliberately relocated to Breslau so their children could grow up in a German-speaking environment, their lives were categorized by nationality rather than belonging. Their identity was once again both invoked and erased by the state. These documents reveal not only the persistence of the families who had to navigate bureaucracies in search of acknowledgment, but also the limits of justice when memory and lived experience are reduced to administrative categories.

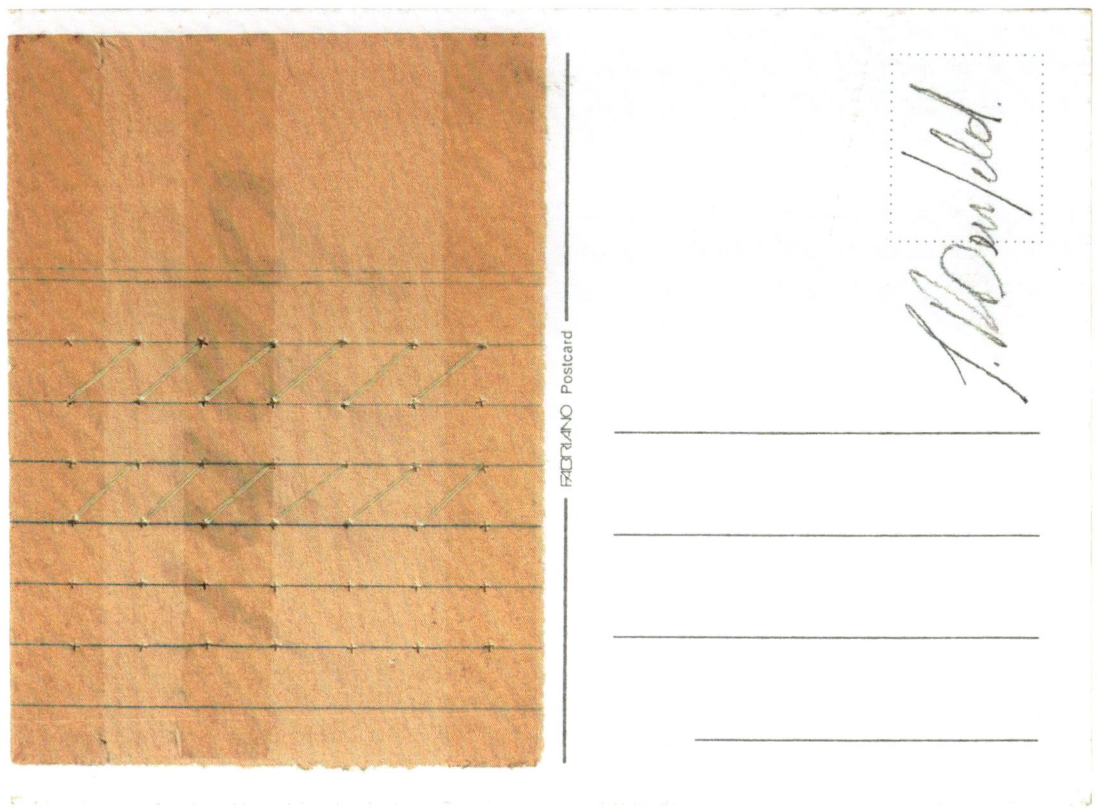

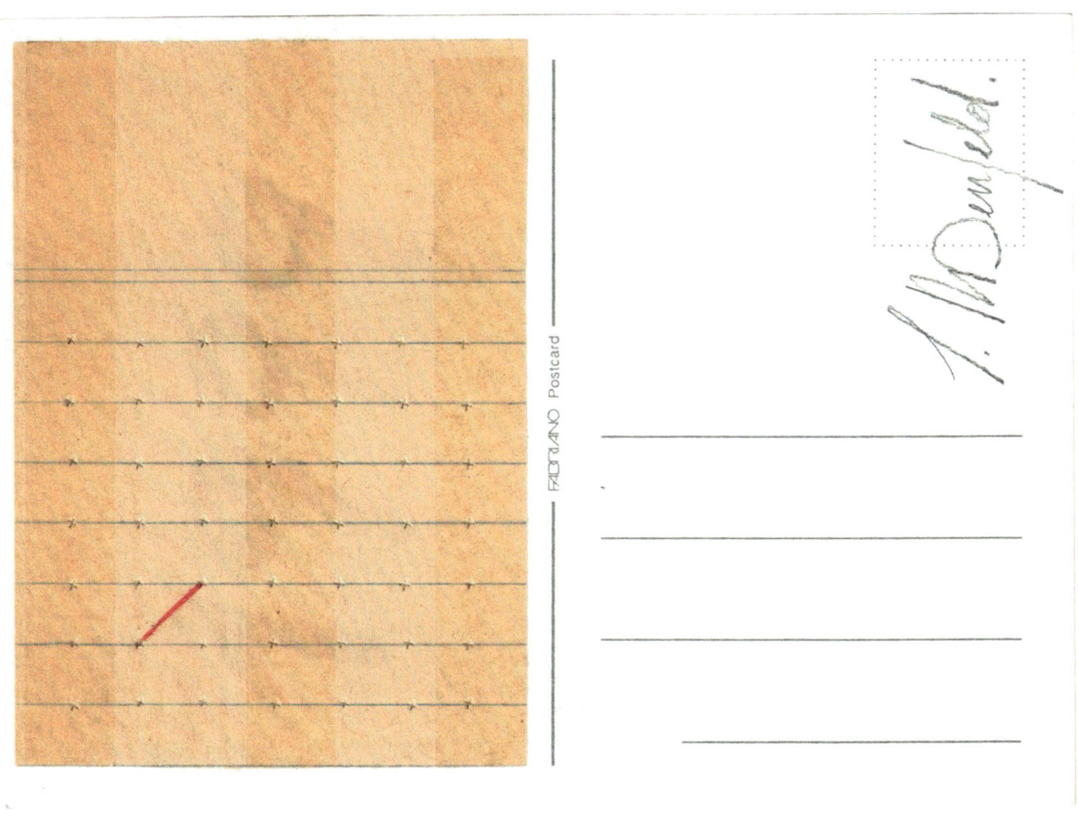

Lotty Rosenfeld, *Ohne Titel*, 1999
Lotty Rosenfeld, *Untitled*, 1999

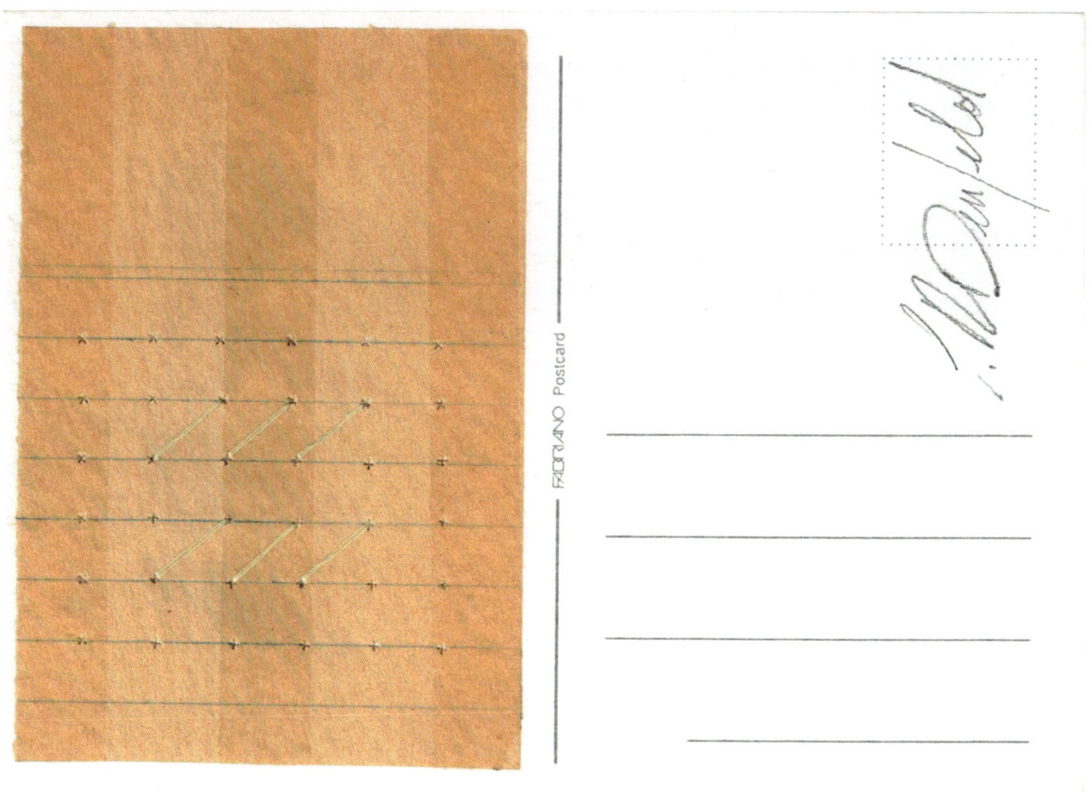

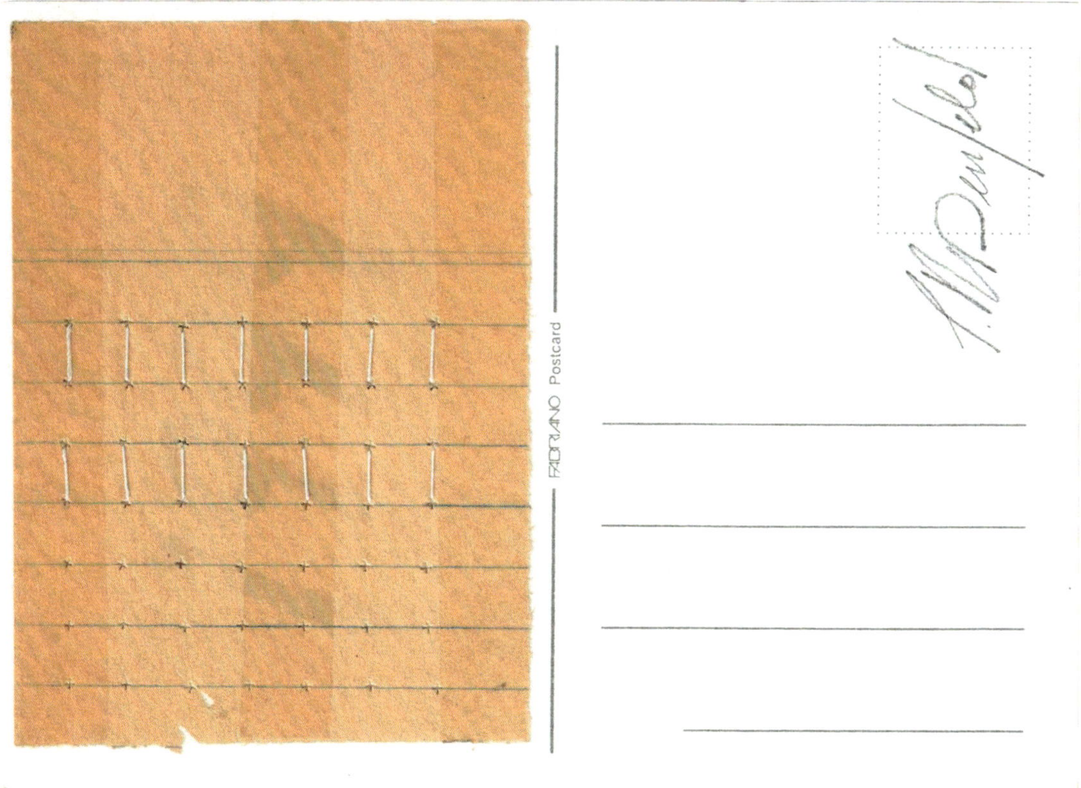

Lotty Rosenfeld, *Ohne Titel*, 1999
Lotty Rosenfeld, *Untitled*, 1999

1978 schuf Lotty Rosenfeld ein unbetiteltes Werk, das auf einer historischen Fotografie basiert, die während der Massenrazzien auf dem Jonas Daniël Meijerplein in Amsterdam im Februar 1941 aufgenommen wurde. Das Bild dokumentiert die nationalsozialistische Deportation von etwa 400 jüdischen Männern – eine der ersten Massenverhaftungen von Juden in Westeuropa. Diese aufgeladene Schwarz-Weiß-Fotografie, weit verbreitet und tief symbolisch, wurde zum Ausgangspunkt einer der frühesten künstlerischen Interventionen Rosenfelds. Anstatt das Bild als statisches historisches Dokument zu nutzen, unterzog sie es einer Reihe physischer Veränderungen – sie schnitt, bearbeitete und perforierte die Oberfläche. In der Auseinandersetzung mit diesem Bild entstanden drei verschiedene Versionen des Werks.

Diese frühen Eingriffe markieren das erste Auftreten von Rosenfelds bekanntestem Motiv, der weißen Linie. Noch innerhalb des Rahmens eines Archivbilds verankert, durchschneidet diese scheinbar einfache, horizontale Einkerbung die Figuren und Bewegungen im Bild. Sie unterbricht die visuelle Logik der staatlichen Kontrolle – eine kleine, aber kraftvolle Geste, die einem Bild der Unterwerfung entgegengesetzt wird.

Rosenfeld eignet sich das Bild nicht nur an; ihre Einschnitte verwandeln es in einen Ort des Widerstands. Die Fotografie, ein Dokument historischen Traumas, wird neu konfiguriert zu einer Oberfläche, durch die politisches Handeln behauptet werden kann. Die weiße Linie fungiert dabei paradoxerweise sowohl als Grenze als auch als Infragestellung von Grenzen. Noch bevor Rosenfeld die Linie in öffentlichen Räumen in Chile oder Berlin einsetzte, wurde sie erstmals auf dieser Oberfläche erprobt.

Dieses Werk lässt sich auch als Reflexion über Rosenfelds eigene Familiengeschichte lesen. Als Nachfahrin jüdischer Geflüchteter, die während der NS-Zeit aus Europa flohen, begegnet sie dem Bild nicht nur als Künstlerin, sondern auch als jemand, der vom Erbe der Shoah geprägt ist. Die Platzierung der weißen Linie innerhalb dieser Fotografie ist eine bewusste Geste des Widerstands. Die abgebildeten Opfer, im archivalischen Rahmen zu Ohnmacht erstarrt, werden in eine Erzählung zurückversetzt, die ihr Ausgelöschtsein anerkennt und zugleich der Endgültigkeit des Bildes widerspricht. Diese frühe Handlung kündigt Rosenfelds spätere,

straßenbasierte Arbeiten an, in denen die weiße Linie direkt in Straßen, Kreuzungen und Stadtstrukturen eingreift. In diesen Kontexten wirkte die Linie als Störung, als Infragestellung der Organisation des öffentlichen Raums und seiner zugrunde liegenden Machtstrukturen. Doch der Ursprung dieser Strategie liegt in dieser intimeren Konfrontation mit einem historischen Bild.

Im gesamten Schaffen Rosenfelds fungiert die Linie als konzeptuelle Waffe. Sie behauptet Präsenz, ruft kollektive Erinnerung wach und widersetzt sich dem Schlusspunkt, den Gewalt setzt. Hier verwendet Rosenfeld ihren Ausspruch *„Esta línea es mi arma"* („Diese Linie ist meine Waffe") zum ersten Mal. Die Linie durchquert den fotografischen Rahmen, so wie sie später politische Grenzen durchkreuzen würde. Für die Künstlerin war die Linie ein Werkzeug zur Rückeroberung von Raum, zur Aktivierung von Protest und zur Neuschreibung von Geschichten, die zum Schweigen gebracht worden waren.

In 1978, Lotty Rosenfeld created an untitled work based on a historical photograph taken at the mass raids at Jonas Daniël Meijerplein in Amsterdam in February 1941. The image documents the Nazi round-up of around 400 Jewish men—one of the first mass arrests of Jews in Western Europe. This charged black-and-white photograph, widely circulated and deeply symbolic, became the site of one of Rosenfeld's earliest artistic interventions. Rather than using the image as a static historical record, she subjected it to a series of physical alterations—cutting, editing, and perforating the surface. Revisiting the image, she produced three different versions of this work.

These early manipulations mark the first appearance of what would become Rosenfeld's most recognisable motif: the white line. Though as yet contained within the frame of an archival image, this seemingly simple horizontal incision cuts across the figures and actions captured in the photograph. It interrupts the visual logic of state control to suggest a breach or rupture—a minimal yet forceful gesture imposed upon a scene of domination.

Rosenfeld did not merely appropriate the image; her incisions transformed it into a site of resistance. The photograph, a document of historical trauma, is reconfigured as a surface through which political agency can be asserted. The white line functions paradoxically as both a boundary and as a challenge to boundaries. Before it was deployed in Rosenfeld's interventions in public spaces in Chile or Berlin, the line was tested on this surface.

This work can also be read as a reflection on Rosenfeld's own family history. As the descendant of Jewish refugees who fled Europe during the Nazi era, she engages with the image not only as an artist but as someone marked by the legacy of the Holocaust. Placing the white line within this photograph is a deliberate gesture of defiance. The victims pictured, rendered powerless in the archival frame, are re-situated within a narrative that acknowledges their erasure while also resisting the image's finality. This early act prefigures Rosenfeld's later street-based works, in which the white line was used to directly intervene in roads, intersections, and city grids. In those contexts, the line operated as a disruption, questioning the organization of civic space and its underlying power structures.

The origin of that strategy, however, lies in this more intimate confrontation with a historical image.

Across the breadth of Rosenfeld's practice, the line functions as a conceptual weapon. It asserts presence, invites collective memory, and resists the closure imposed by violence. Here, Rosenfeld's statement—"Esta línea es mi arma" ("This line is my weapon")—finds its first articulation. The line crosses the photographic frame as it would later cross political borders. For the artist, the line was a tool for reclaiming space, for activating protest, and for reinscribing histories that had been subjected to silencing.

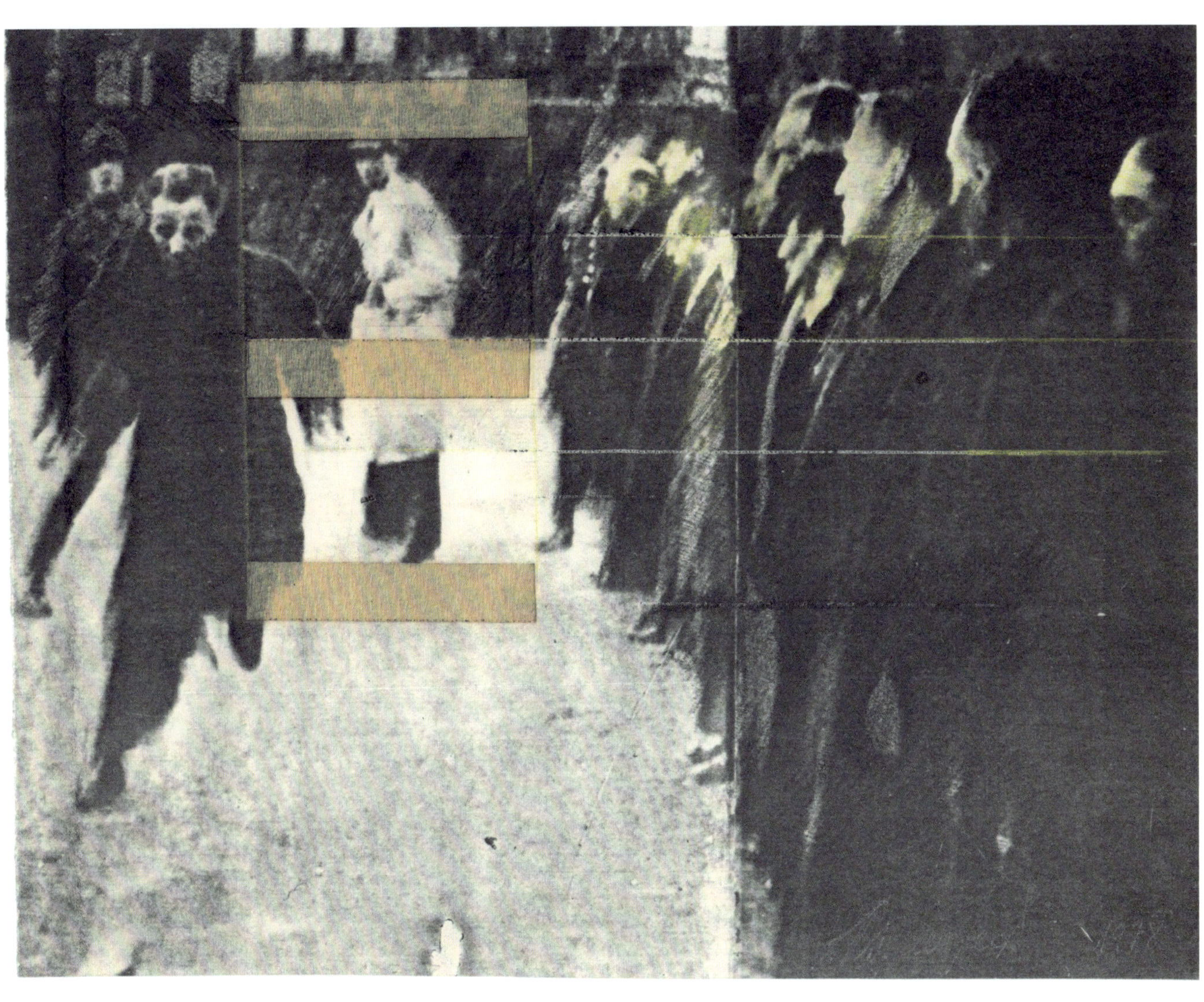

Lotty Rosenfeld, *Ohne Titel*, 1978
Lotty Rosenfeld, *Untitled*, 1978

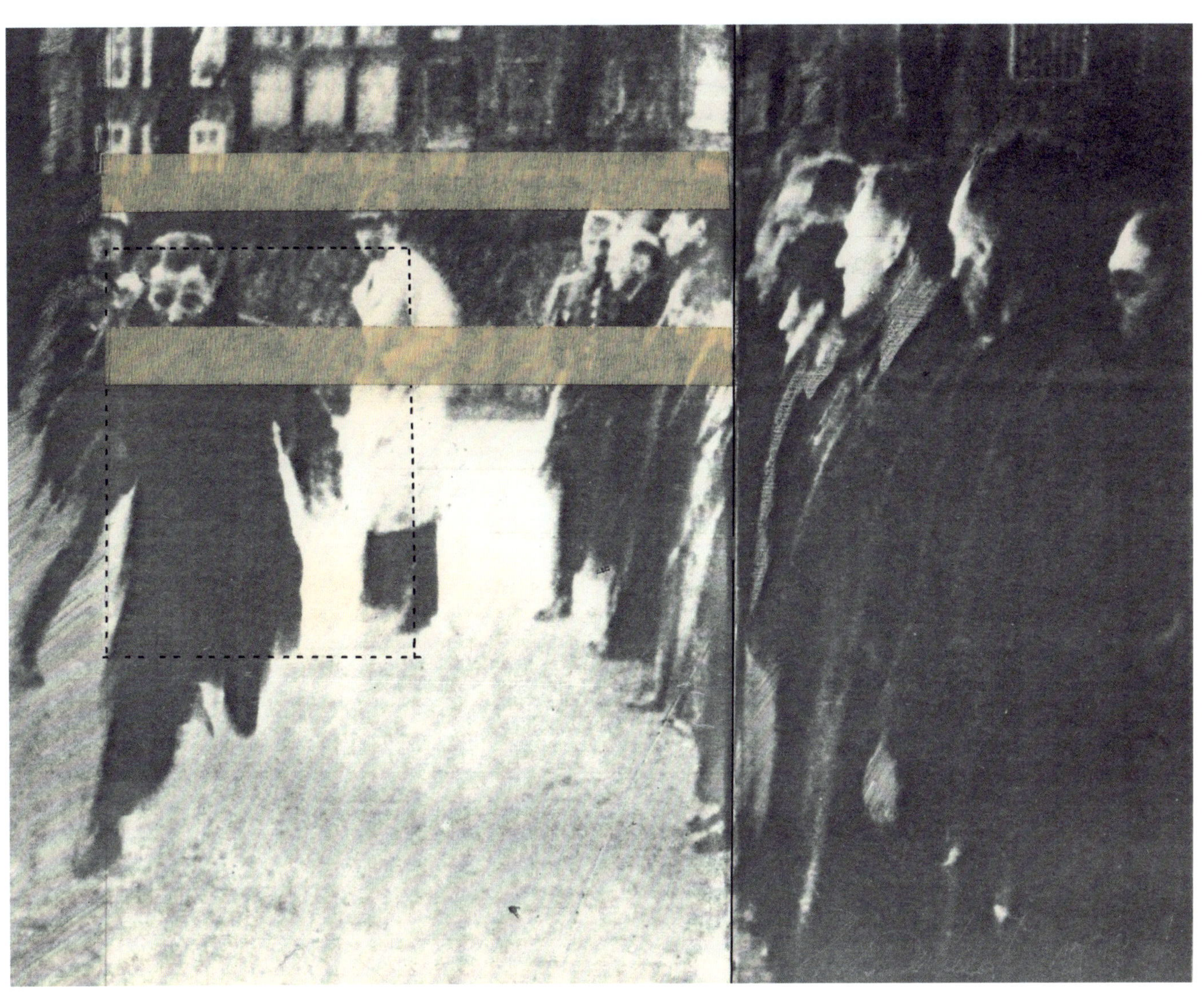

Lotty Rosenfeld, *Ohne Titel*, 1978
Lotty Rosenfeld, *Untitled*, 1978

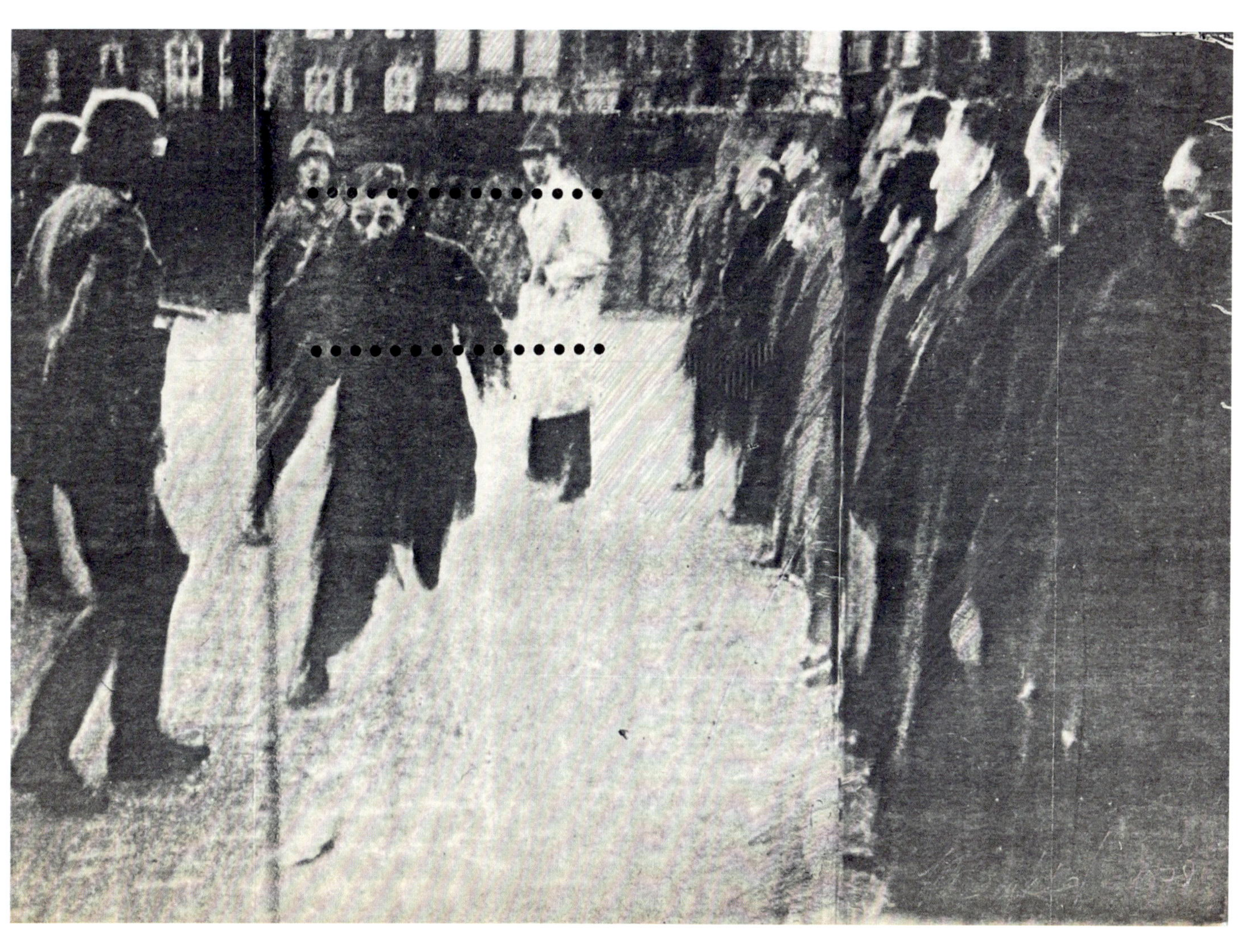

Lotty Rosenfeld, *Ohne Titel*, 1978
Lotty Rosenfeld, *Untitled*, 1978

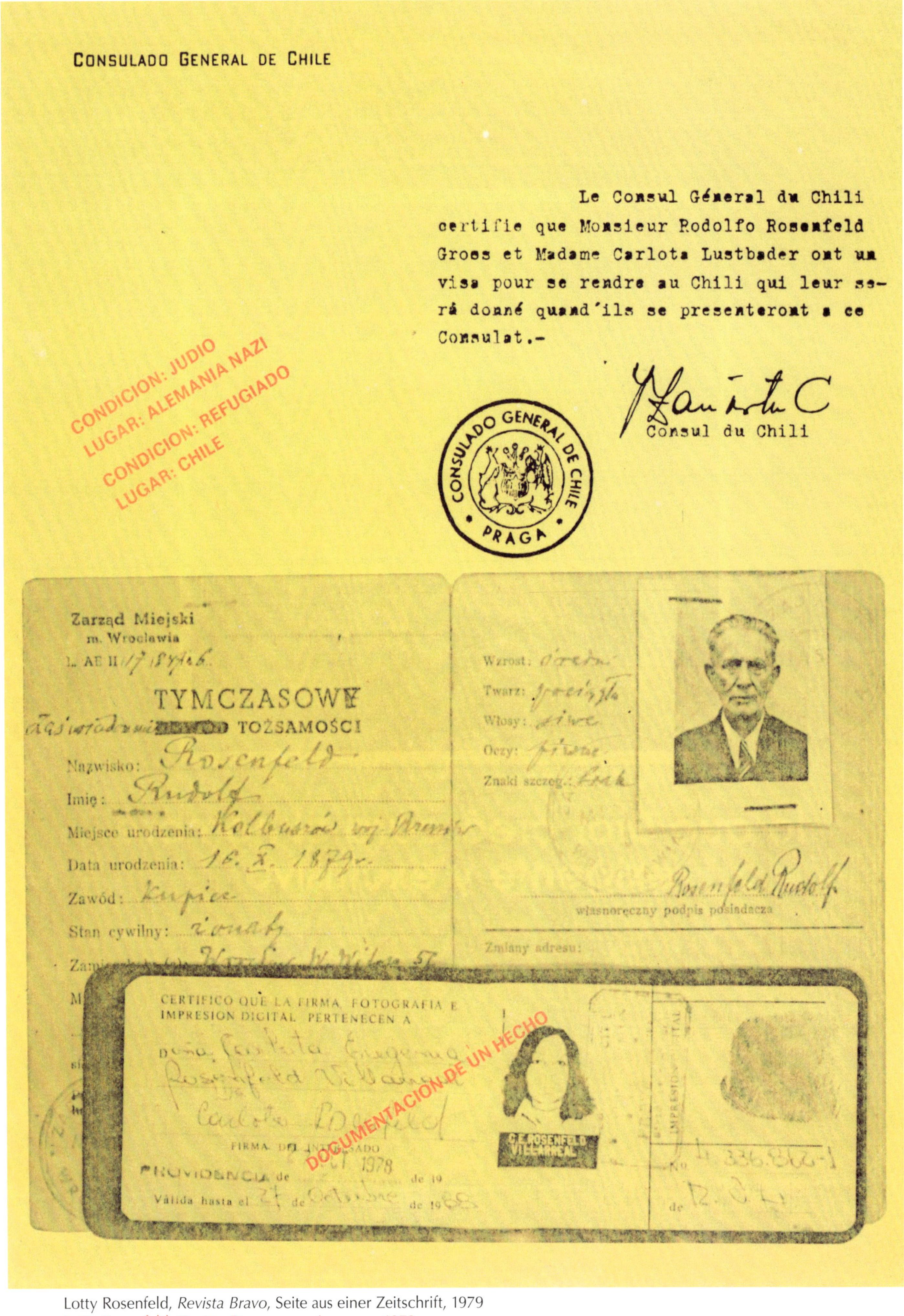

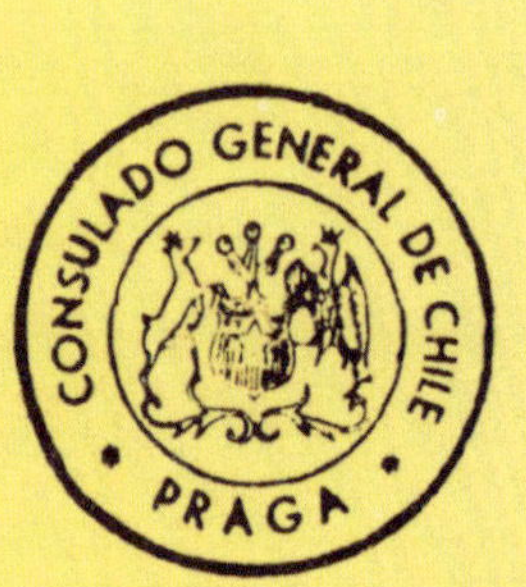

Lotty Rosenfeld, *Revista Bravo,* Seite aus einer Zeitschrift, 1979
Lotty Rosenfeld, *Revista Bravo,* magazine page, 1979

1979 realisierte Lotty Rosenfeld eine ihrer persönlichsten und zugleich stillsten radikalen Gesten – auf den Seiten der *Revista Bravo*, einem heute weitgehend vergessenen chilenischen Kulturmagazin. Zum ersten Mal integrierte sie offizielle Dokumente aus ihrem Leben in ein Kunstwerk: ihren chilenischen Pass, überlagert vom Pass ihres Großvaters Rudolf Rosenfeld. Dessen in Polen ausgestellte Papiere zeugen von den gescheiterten Versuchen, die deutsche Staatsbürgerschaft zu erlangen – und von einer jüdisch-deutschen Identität, die durch Exil und Staatenlosigkeit geprägt wurde. In leuchtend roter Schrift prangt über den Dokumenten:

STATUS: JÜDISCH
ORT: NAZIDEUTSCHLAND
STATUS: FLÜCHTLING
ORT: CHILE

Mit diesem Werk verwendet Rosenfeld zum ersten Mal das Wort „jüdisch" in ihrer künstlerischen Praxis. Während sie zuvor mit universellen Symbolen wie dem Pluszeichen arbeitete, um Machtverhältnisse zu hinterfragen und zu verschieben, verweist sie hier direkt auf ihre eigene Familiengeschichte.

Auch das gewählte Medium – die vergänglichen Seiten eines Magazins – ist vieldeutig: Es betont die Fragilität von Erinnerung und destabilisiert zugleich etablierte Narrative im öffentlichen Diskurs.. Diese stille Intervention verschiebt die Grenze zwischen Dokument und Kunstwerk. Der Pass wird zu einem Ort der Auseinandersetzung – zwischen persönlicher Erinnerung und nationaler Identität, zwischen Geschichte und Gegenwart.

REVISTA BRAVO, 1979

In 1979, Lotty Rosenfeld made one of her most personal and quietly radical gestures in the pages of *Revista Bravo*, a now-obscure Chilean cultural magazine. For the first time, she inserted her own official documentation into an artwork: her Chilean passport placed beneath that belonging to her grandfather, Rudolf Rosenfeld. His Polish-issued papers—imprinted with his failed attempts to gain German citizenship—trace a Jewish-German identity shaped by exile and statelessness. Stamped across both documents in bright red were the words:

CONDITION: JEWISH
PLACE: NAZI GERMANY
CONDITION: REFUGEE
PLACE: CHILE

This work is also the first time that Rosenfeld used the word "Jewish" in her practice. Where her earlier works used universal symbols like the X to disrupt power structures, here she directly invokes her family's history.

Her choice of medium—the impermanence of the pages of a magazine—speaks to the fragility of memory, while at the same time inserting a powerful breach into public discourse. Blurring the line between document and artwork, this intervention transforms the passport into a site of confrontation between personal and national conceptions of identity.

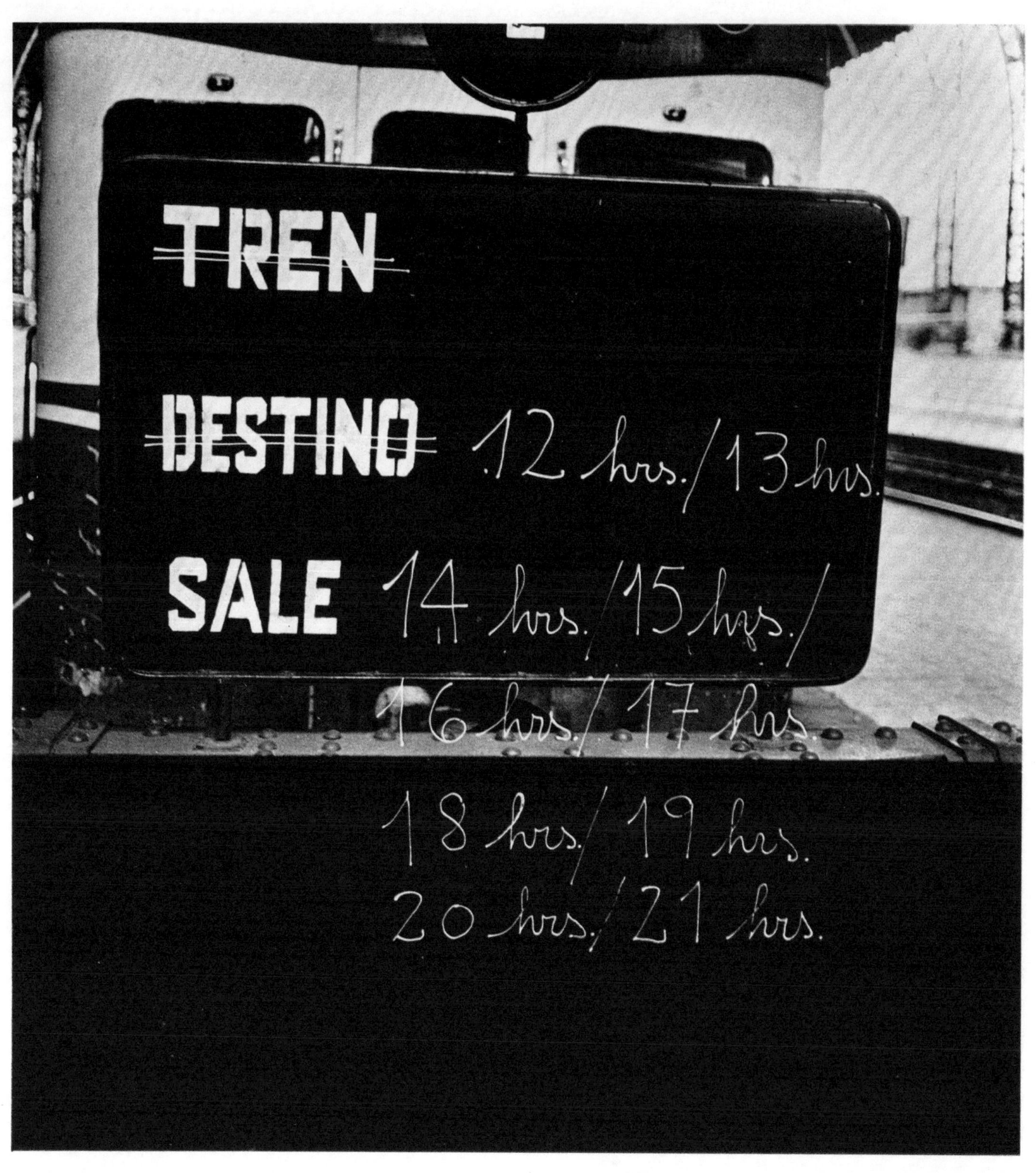

"Cómo se van los trenes para no
volver..."

Lotty Rosenfeld, *Wie Züge abfahren, um nie wieder zurückzukehren...*, 1981
Lotty Rosenfeld, *As trains leave, never to return...*, 1981

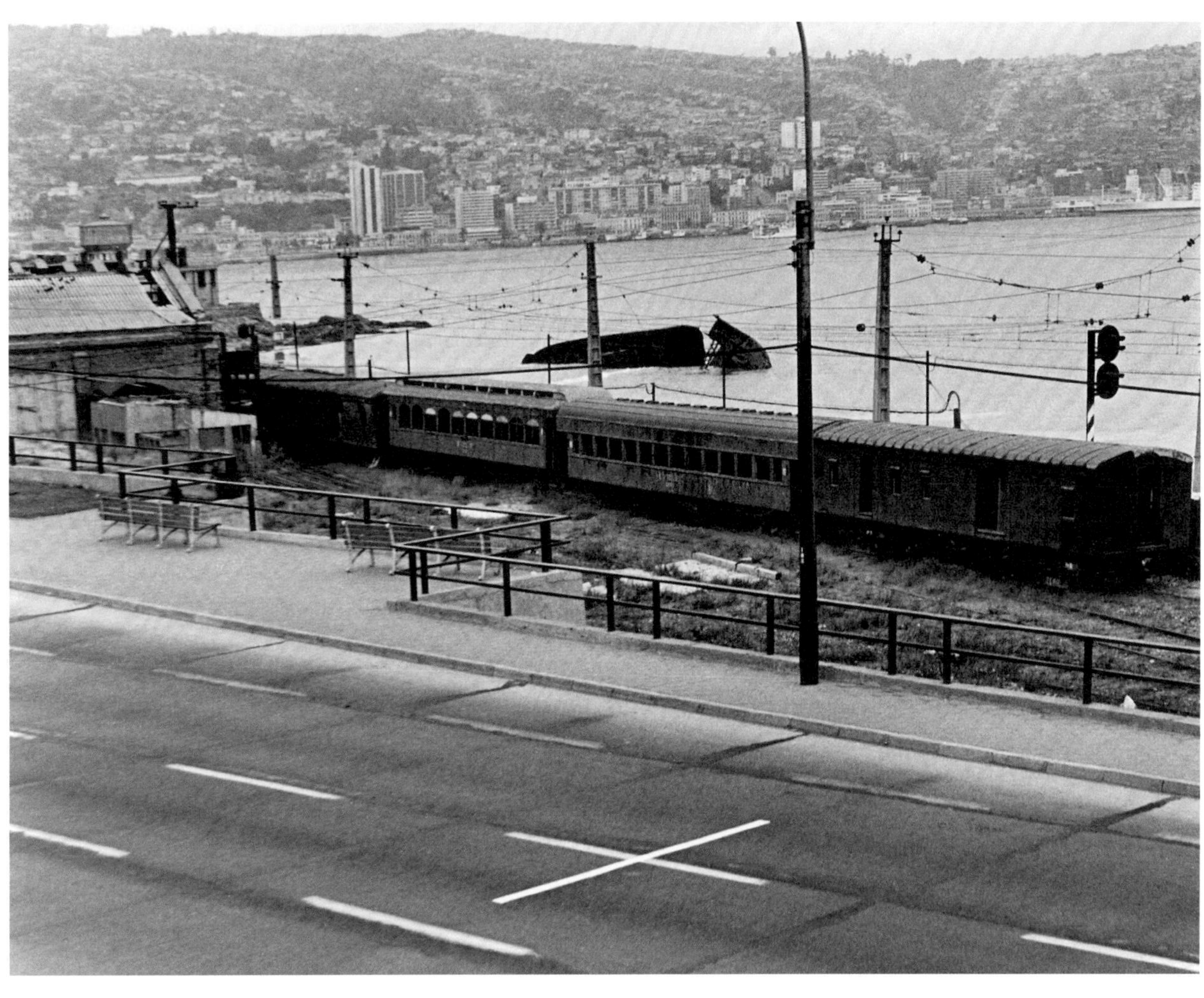

Lotty Rosenfeld, *Valparaíso*, 1985
Lotty Rosenfeld, *Valparaíso*, 1985

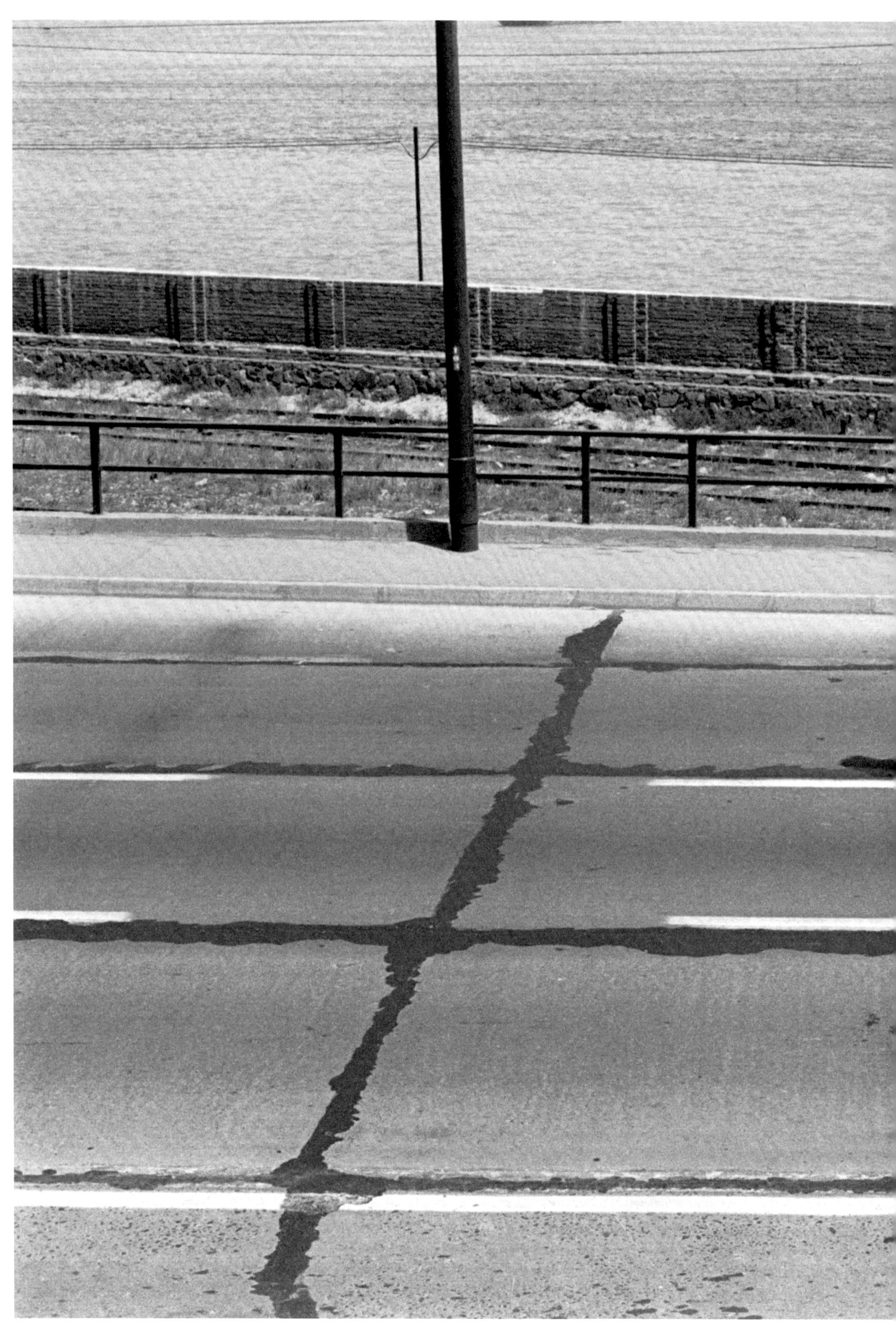

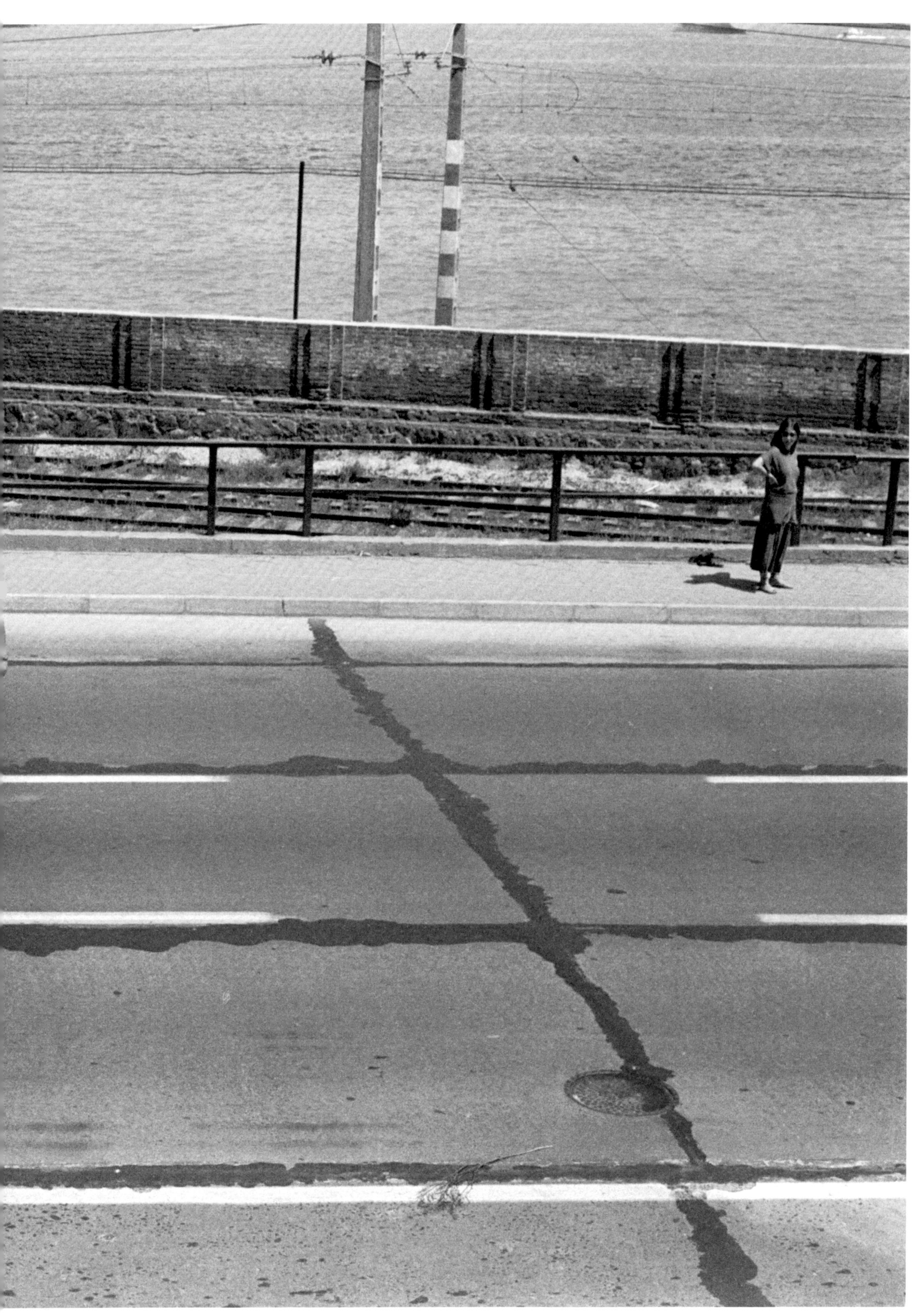

Lotty Rosenfeld, *Paz para Sebastián Acevedo*, Valparaíso, 1985
Lotty Rosenfeld, *Paz para Sebastián Acevedo*, Valparaíso, 1985

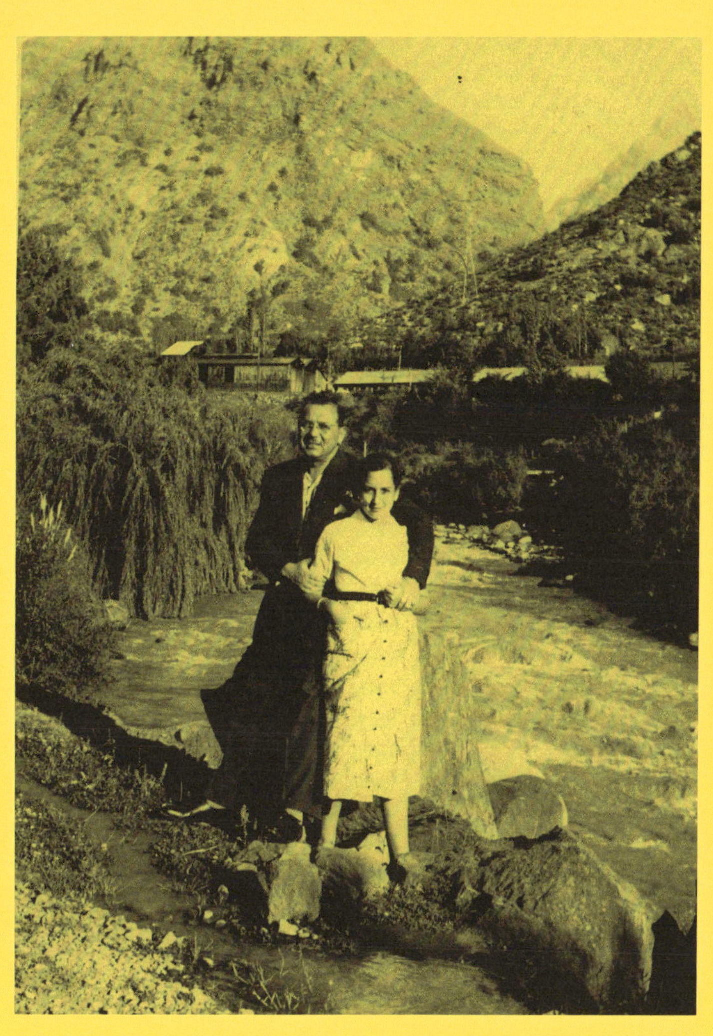

RUDOLF ROSENFELD GROSS   verhe
16.10.1880
21.11.1956

STEFFI ROSENFELD   FRI
1906-1940

1º Ehe **Fritz Gross**
geschieden 1933
keine Kinder   CA

2º Ehe **HERR BLAU**

                              CARLOS KRUEGER
                              10.07.37
                              verheirated

1º   ALICIA SCHAPPE   2º   MIRI
            01.03.62

                              |

CARLOS GUSTAVO KRUEGER SCHAPEP   CAROL KRUEC
01.08.63   15.07.7

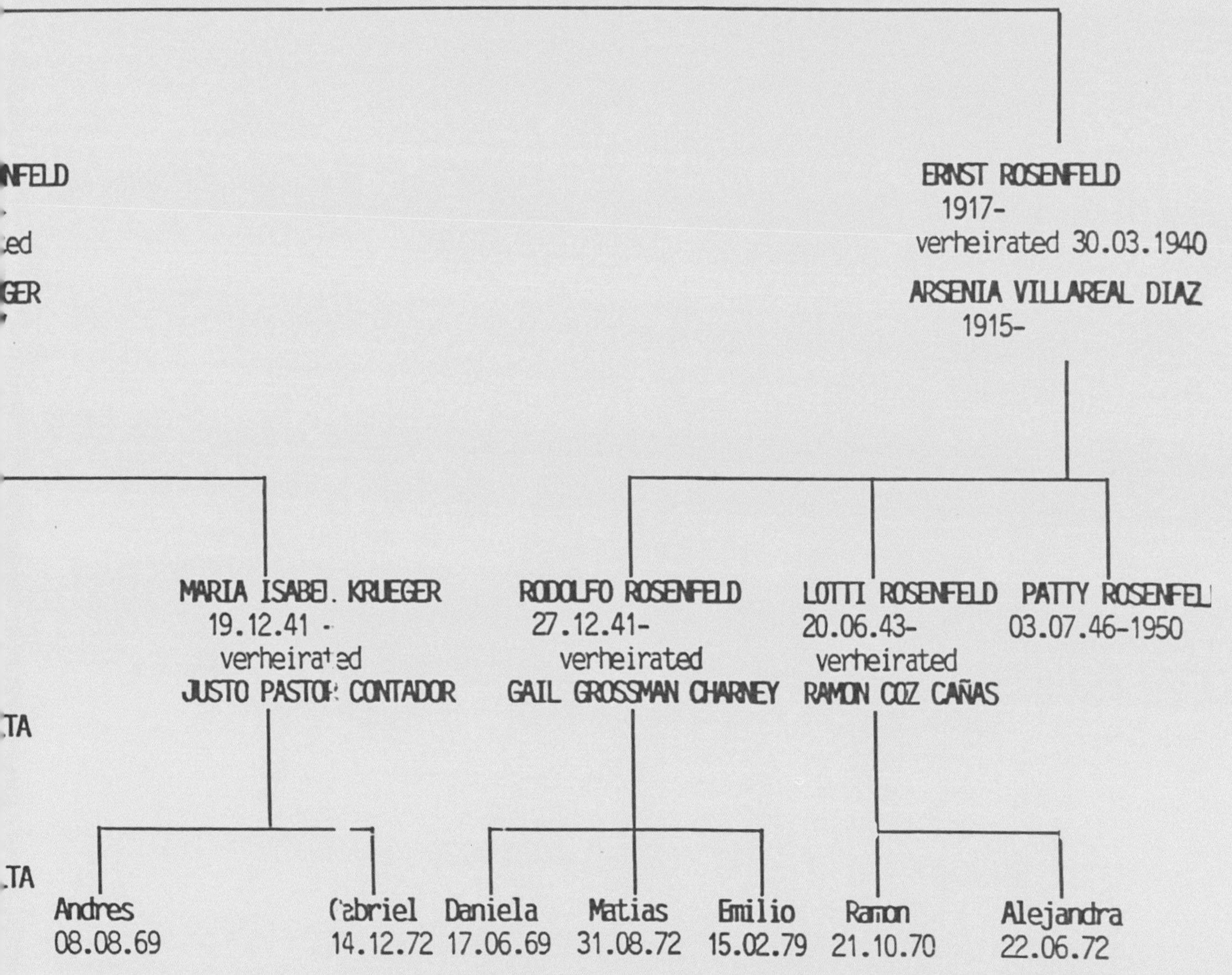

1905

LOTTI LUSTBADER IMMERGLUCK
09.11.1885
11.01.1968

NFELD
ed
GER

ERNST ROSENFELD
1917-
verheiratet 30.03.1940

ARSENIA VILLAREAL DIAZ
1915-

MARIA ISABEL KRUEGER
19.12.41 -
verheiratet
JUSTO PASTOR CONTADOR

RODOLFO ROSENFELD
27.12.41-
verheiratet
GAIL GROSSMAN CHARNEY

LOTTI ROSENFELD
20.06.43-
verheiratet
RAMON COZ CAÑAS

PATTY ROSENFELD
03.07.46-1950

TA

TA

Andres
08.08.69

Gabriel
14.12.72

Daniela
17.06.69

Matias
31.08.72

Emilio
15.02.79

Ramon
21.10.70

Alejandra
22.06.72

CHARLOTTE LUSTBADER IMMERGLÜCK UND RUDOLF ROSENFELD GROSS

Charlotte Lustbader Immerglück wurde 1885 in Biała, Polen, geboren. Rudolf Rosenfeld Gross kam 1879 in Kolbuszowa, einer Kleinstadt im Südosten Polens, zur Welt. Die beiden lernten sich als Teenager in Krakau kennen und heirateten 1906. In den frühen 1920er-Jahren zogen sie nach Breslau, damit ihre Kinder dort eine deutsche Schule besuchen und mit der deutschen Kultur aufwachsen konnten. 1922 erwarben sie das Hotel Rom, ein familiengeführtes Hotel, das Gastfreundschaft mit dem alltäglichen Leben verband: oben befanden sich die Zimmer, unten die Geschäfte. 1938 wurden die Eheleute Rosenfeld Gross nach Lemberg deportiert. Mit Beginn des Zweiten Weltkriegs wurden sie nach Sibirien verschleppt. Sie überlebten den Krieg im Exil und kehrten 1946 in das zerstörte Nachkriegs-Polen zurück. Im selben Jahr gelang es mit Unterstützung des Roten Kreuzes und anderer humanitärer Organisationen, den Aufenthaltsort ihrer Kinder ausfindig zu machen. Eine Wiedervereinigung wurde arrangiert, und die Familie fand in Valparaíso, Chile, endlich Sicherheit – wenn auch tiefgreifend verändert. Charlotte starb 1968 im Alter von 82 Jahren in Santiago de Chile. Rudolf war bereits 1956 im Alter von 77 Jahren verstorben. Beide erlagen einem Herzinfarkt. Ihre Reise – von Polen nach Chile, vom Leben als Hotelbesitzer ins Exil und schließlich zum Wiederaufbau einer Existenz – wurde zu einer Geschichte des Überlebens und stillen Durchhaltens, die in den folgenden Generationen nachhallen sollte.

STEFFI ROSENFELD

Steffi Rosenfeld, die älteste Tochter von Charlotte und Rudolf Rosenfeld, wurde 1906 in Mährisch-Ostrau geboren. Trotz der sich abzeichnenden Bedrohung durch den Faschismus entschied sie sich, in Breslau zu bleiben. 1933 heiratete sie ihren ersten Ehemann, Fritz Gross, der während des Krieges nach Jerusalem fliehen konnte. Ihr zweiter Ehemann war Jindrich Blau. Als sich die politische Verfolgung verschärfte, nahm ihr Schicksal eine tragische Wendung: Während ihre Geschwister Frieda und Ernst nach Südamerika fliehen konnten, blieb Steffi in Breslau zurück. Sie wurde in Vyhne in der Slowakei inhaftiert und später nach Auschwitz deportiert. Dort wurde sie 1942 ermordet. Ihre Erinnerung bleibt als stille, eindringliche Präsenz in der Geschichte der Familie Rosenfeld – ein Leben, das nicht in Migration oder Neuanfang mündete, sondern durch den Genozid brutal beendet wurde.

FRIEDA ROSENFELD

Frieda Rosenfeld war die Erste aus ihrer Familie, die 1934 Europa in Richtung Lateinamerika verließ. Sie wurde 1911 in Mährisch-Ostrau geboren, damals Teil der österreichisch-ungarischen Monarchie, und ließ sich später in Breslau nieder, wo sie ihren zukünftigen Ehemann Karl Krüger kennenlernte. Er arbeitete gegenüber dem Familienhotel bei der Deutschen Bank und wurde später nach Buenos Aires versetzt. Doch Karl entschied sich für die Liebe und gegen die berufliche Sicherheit: Er gab seine Stelle auf und reiste nach Valparaíso, um mit Frieda zusammen zu sein. Dort heirateten sie und begannen ein gemeinsames Leben. Als 1935 ihr jüngerer Bruder Ernst in Valparaíso ankam, wurde Friedas Zuhause sein erster Zufluchtsort. Frieda blieb bis zu ihrem Tod im Jahr 1974 in Chile.

CHARLOTTE LUSTBADER IMMERGLÜCK AND RUDOLF ROSENFELD GROSS

Charlotte Lustbader Immerglück was born in 1885 in Biała, Poland. Rudolf Rosenfeld Gross was born in 1879 in Kolbuszowa, a small town in south-eastern Poland. They met as teenagers in Kraków and were married around 1906. They moved to Breslau in the early 1920s so that their children could attend German schools, and be raised within German culture. In 1922, they purchased the Hotel Rom, a family-run hotel that combined hospitality with daily life—rooms upstairs, neighborhood shops downstairs. In 1938, during the early waves of Nazi persecution, Charlotte and Rudolf were forcibly deported from Breslau to Lemberg, Poland (now Lviv, Ukraine), and later transferred to Siberia. They survived the war in exile and, in 1946, returned to a devastated postwar Poland. That same year, through efforts led by the Red Cross and other humanitarian organizations, Rudolf and Charlotte were reunited with two of their children, Frieda and Ernst Rosenfeld, in Valparaíso, Chile—safe at last, but profoundly changed. Charlotte died in Santiago de Chile in 1968 at the age of 82; Rudolf had passed away a decade earlier, in 1956, at 77. Both died of heart attacks. Their journey from Poland to Chile, from ownership to exile and finally reconstruction, became the foundation of a story of survival and endurance—one that would echo throughout the generations that followed.

STEFFI ROSENFELD

The eldest of Charlotte and Rudolf Rosenfeld's children, Steffi Rosenfeld was born in 1906 in Ostrava, now Czech Republic, then then part of the Austro-Hungarian Empire. Living in Breslau with her family, Steffi married twice: first to Fritz Gross in 1933, and later to Jindrich Blau. Steffi and Jindrich chose to remain in Breslau even as the shadow of Fascism darkened over Germany, staying close to the family's hotel, where Jewish life and culture had once flourished. As the persecution of Jewish people by the Nazis intensified, Steffi's fate tragically diverged from that of her siblings. While Frieda and Ernst managed to escape to South America, Steffi was imprisoned in Vyhne in Slovakia, and later deported to Auschwitz, where she was murdered in 1942. Her memory remains a silent, haunting presence in the Rosenfeld family story: a life brutally cut short by genocide.

FRIEDA ROSENFELD

Frieda Rosenfeld was the first of the Rosenfeld family to leave Europe, carving a path toward safety in Chile in 1934. She was born in 1911 in Ostrava and settled with her family in Breslau, where she later met her future husband, Karl Krüger. Karl worked at Deutsche Bank across the street from the family's hotel, and was eventually transferred to Buenos Aires. Choosing love over career stability, he left his post and traveled to Valparaíso to reunite with Frieda. The two were married there, beginning their lives together in Chile. Frieda welcomed her younger brother Ernst in 1935; her home was his first place of refuge. She remained in Chile until her death in 1974.

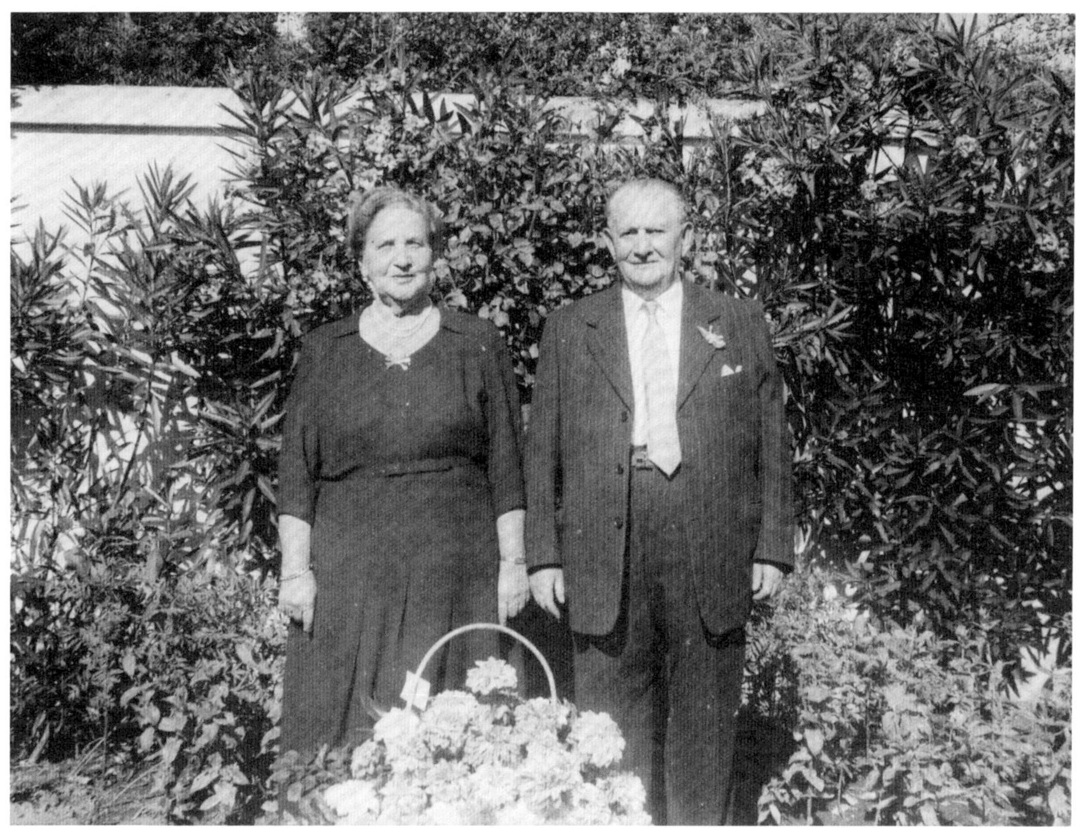

Charlotte & Rudolf Rosenfeld, 1950

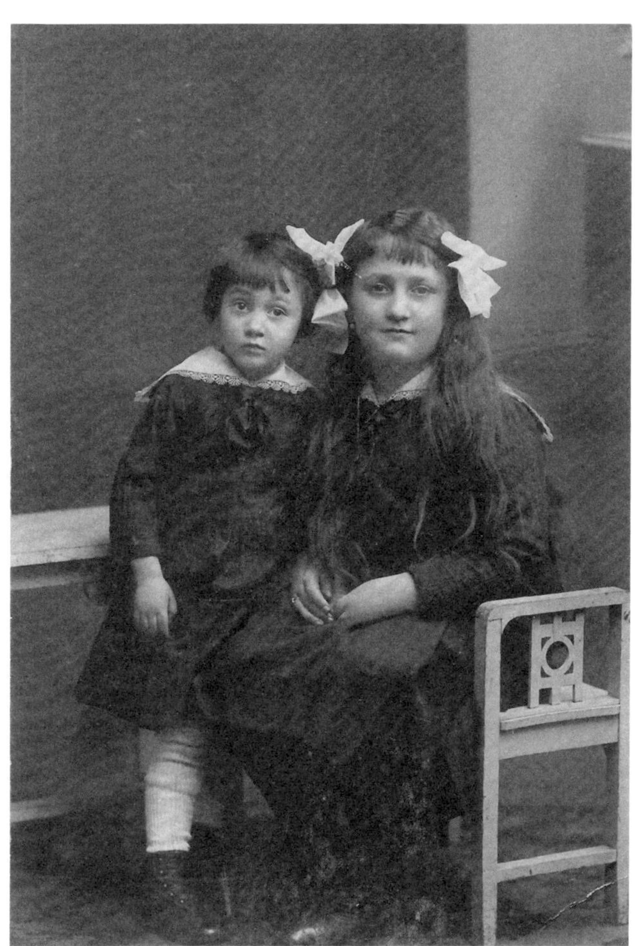

Frieda & Steffi Rosenfeld, 1917

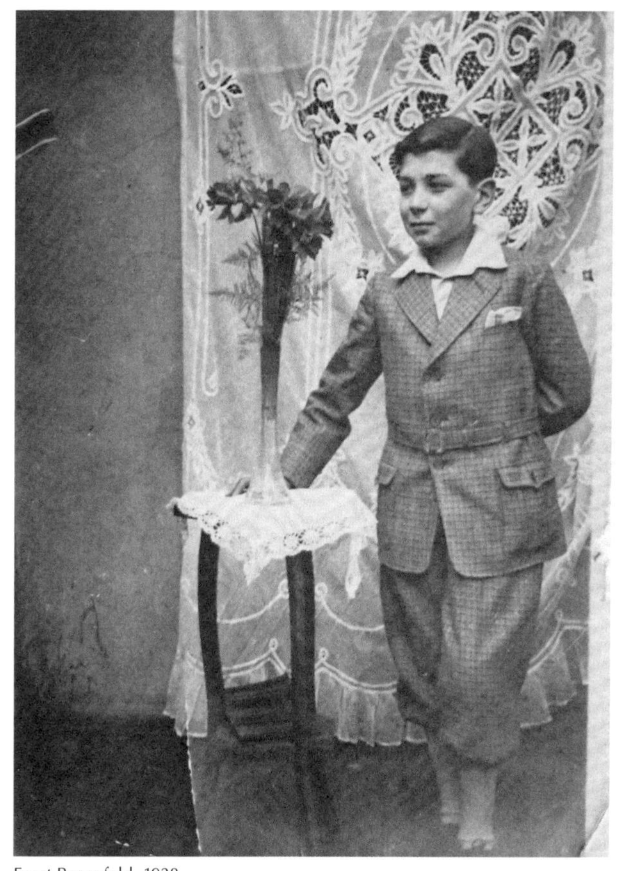

Ernst Rosenfeld, 1928

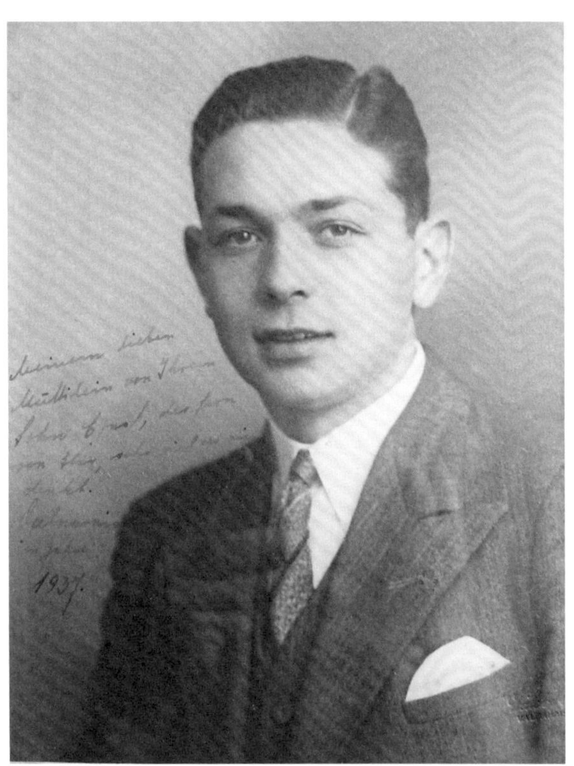

Ernst Rosenfeld, 1937

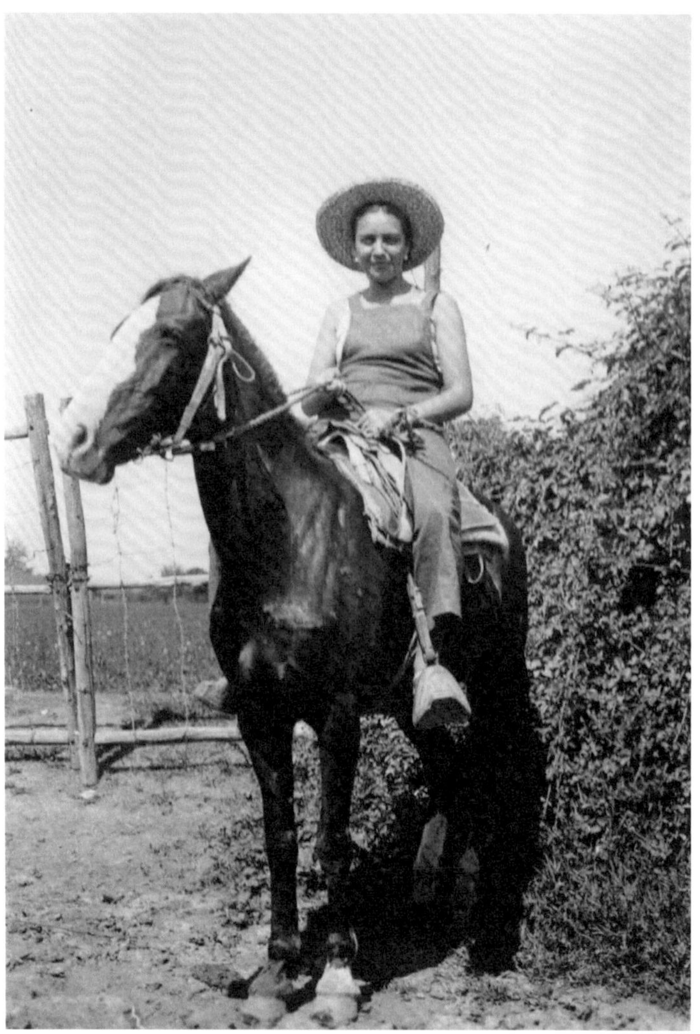

Arsenia Villarreal, 1930

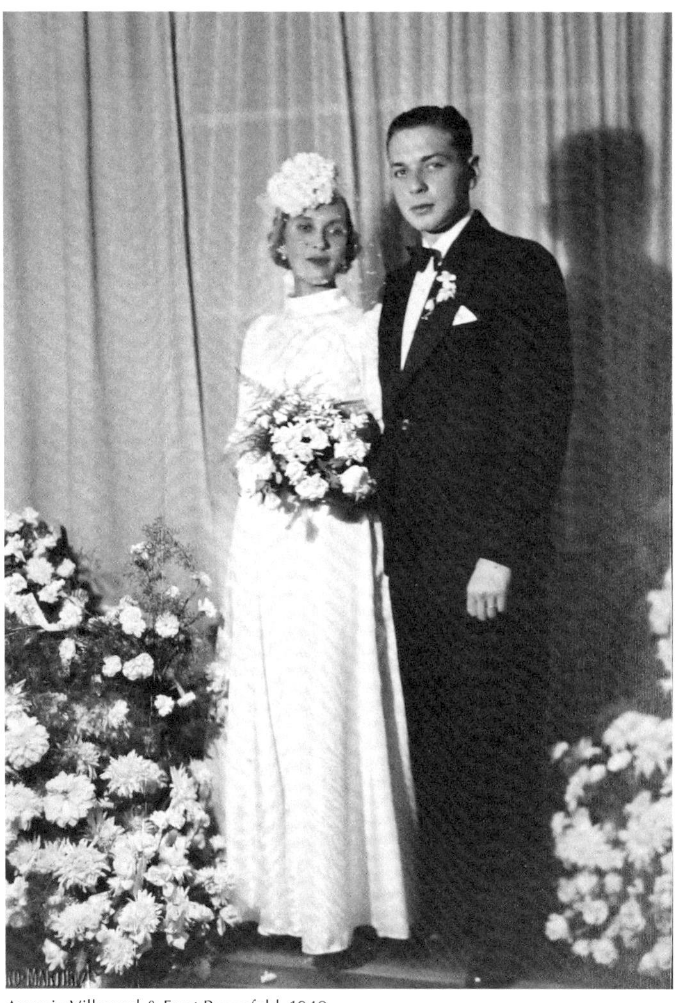

Arsenia Villarreal & Ernst Rosenfeld, 1940

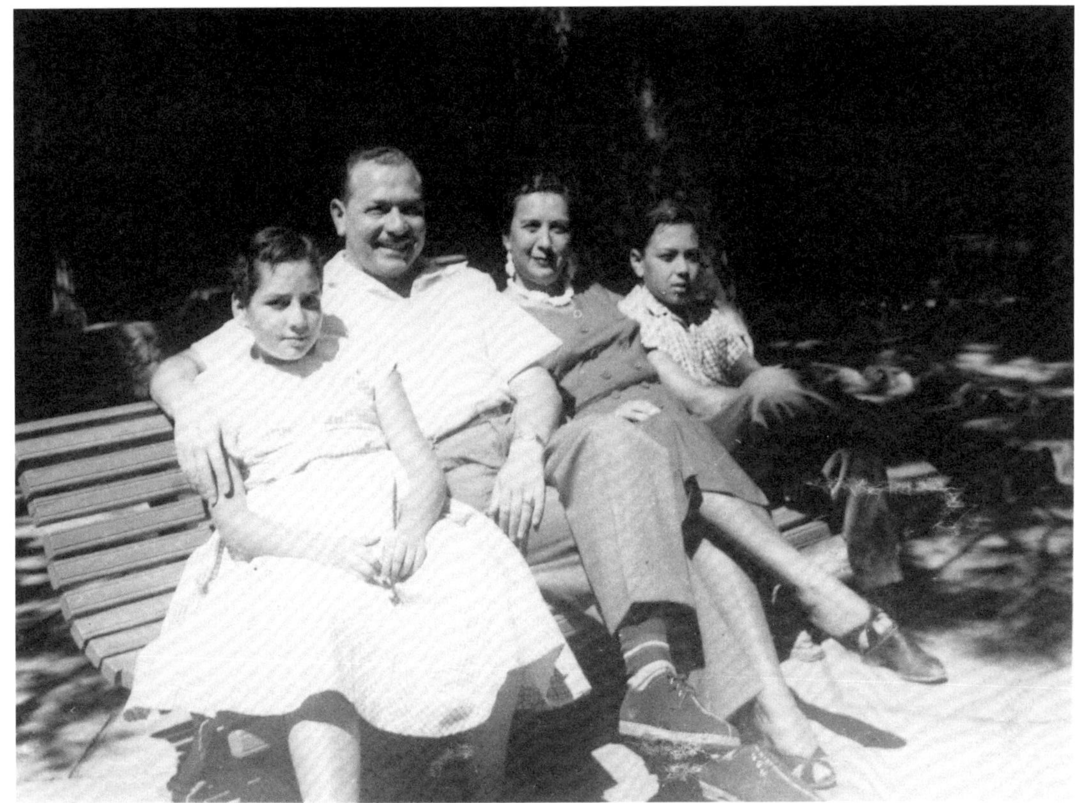

Lotty Rosenfeld, Ernst Rosenfeld, Arsenia Villarreal, Rodolfo Rosenfeld, 1945

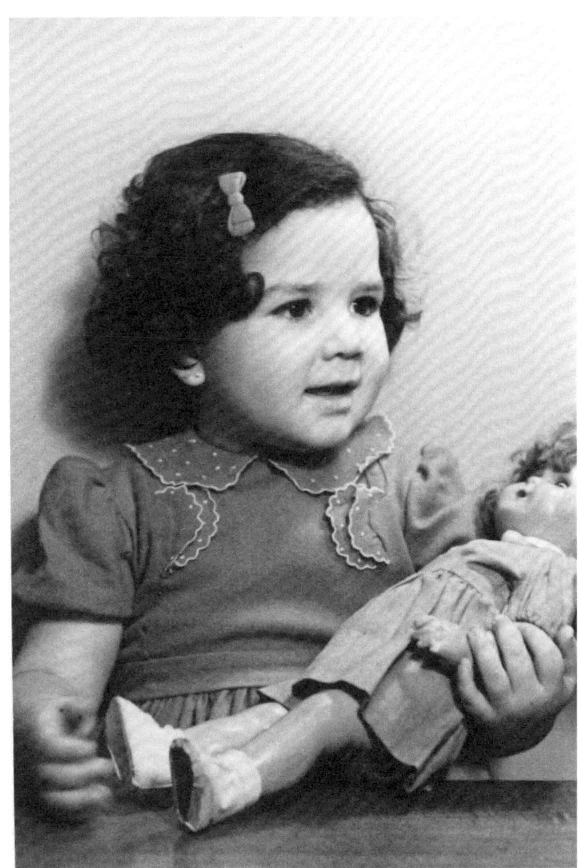

Lotty Rosenfeld, 1946

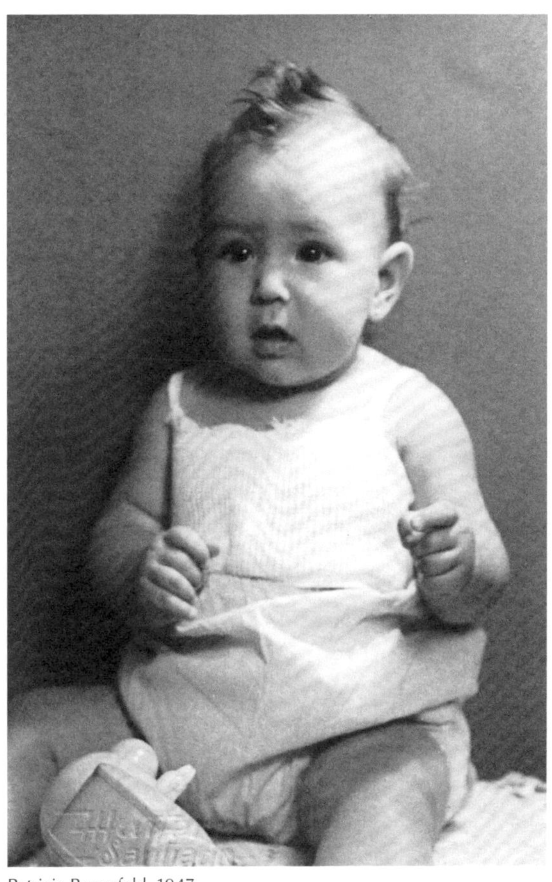

Patricia Rosenfeld, 1947

ERNST ROSENFELD

Ernst Rosenfeld war gerade einmal sechzehn
Jahre alt, als er 1935 Breslau verließ. Ein Freund
seiner Mutter – ein Opernsänger – verschaffte
ihm ein Ticket für ein Schiff, das in Hamburg
ablegte. Allein und ohne Papiere trat er seine
Reise nach Osten an. In Valparaíso angekommen,
wurde er von seiner Schwester Frieda und ihrem
Ehemann Karl Krüger empfangen. Kurz nach
seiner Ankunft begann Ernst im Café Riquet
zu arbeiten, einem deutsch geführten Betrieb,
in dem er Arsenia Villarreal kennenlernte –
seine spätere Ehefrau.

1946 eröffneten die beiden das Café
Villa Real in Santiago, das zu einem kulturellen
Treffpunkt wurde und für sein elegantes Interieur
und seine gelebte Gastfreundschaft bekannt war.
Sie wohnten über dem Café und zogen dort
ihre Kinder groß. Über vier Jahrzehnte betrieben
sie das Haus mit großer Hingabe.

Nach dem tragischen Tod ihrer Tochter
Patty gründete Ernst die *Sociedad Pro-Ayuda
al Niño Lisiado*, eine Organisation zur Unterstüt-
zung von Kindern mit Behinderung in Chile.
Aus persönlicher Trauer wurde gesellschaftliches
Engagement – ein Ausdruck von Fürsorge und
Solidarität.

RODOLFO ROSENFELD

Rodolfo Rosenfeld wurde 1941 in Santiago de
Chile geboren. Als engagierter Chirurg wurde
er zu einer wegweisenden Persönlichkeit auf
seinem Fachgebiet. Er heiratete Gail Grossman
und sie bekamen drei Kinder: Daniela, Matías
und Emilio Rosenfeld. Sein Leben war geprägt
von einem tiefen Engagement für Heilung – sowohl in seinem medizinischen Wirken als auch
durch die von seinem Vater gegründete Institution zur Unterstützung von Kindern mit Behinderung, deren Leitung er über viele Jahre
übernahm.

LOTTY ROSENFELD

Lotty Rosenfeld wurde 1943 in Santiago de Chile
geboren. Als international anerkannte Künstlerin
verband sie in ihrem Leben das Persönliche mit
dem Politischen. Mit ihrer künstlerischen Praxis
stellte sie Machtverhältnisse infrage und eröffnete
neue Räume für Sichtbarkeit und Widerstand. Sie
liebte Hunde, Schlagsahne und das Zusammen-
sein mit ihrer Familie. Lotty Rosenfeld war mit
Ramón Coz verheiratet und hatte mit ihm zwei
Kinder: Ramón und Alejandra Coz. Sie verstarb
im Jahr 2020 und hinterließ ein Vermächtnis, das
in der öffentlichen Erinnerung ebenso weiterlebt
wie im privaten Gedenken.

PATRICIA ROSENFELD

Patricia (Patty) Rosenfeld wurde 1946 in Santiago
de Chile geboren und war das jüngste der drei
Geschwister. Sie litt unter der Erkrankung Spina
bifida, die ihr kurzes Leben prägte, aber nicht
bestimmte. Patricia verstarb am 17. Mai 1950
im Alter von nur vier Jahren. Auch wenn ihre
Zeit nur kurz war, bleibt sie der Familie als
liebevoll bewahrte Erinnerung erhalten.

ERNST ROSENFELD

Aged just sixteen, Ernst Rosenfeld left Breslau for Chile in 1935. A friend of his mother's—a professional opera singer—secured him a ticket on a ship departing from Hamburg. Alone and without papers, he embarked on the long journey. He arrived in Valparaíso, met by sister Frieda and brother-in-law. Shortly after his arrival, Ernst began working at Café Riquet, a German-owned establishment where he met Arsenia Villarreal, who would become his wife.

In 1946, the couple opened Café Villa Real in Santiago, a business that would become a cultural landmark, known for its elegant interior and gracious hospitality. The couple lived above the café, raising their family while serving the community for over four decades. Through good food, warmth, and resilience, Ernst found a new anchor.

Following the tragic death of his daughter Patty, Ernst founded the Sociedad Pro-Ayuda al Niño Lisiado, an organization dedicated to supporting children with disabilities. Through this initiative, he transformed his personal grief into a lasting commitment to others, extending care and solidarity to others in need.

RODOLFO ROSENFELD

Rodolfo Rosenfeld was born in Santiago de Chile in 1941. A dedicated and pioneering surgeon, he was recognized as a Master of Chilean Urology for his contributions to his field. He married Gail Grossman, and together they had three children: Daniela, Matías, and Emilio Rosenfeld. His life reflects a deep commitment to healing, both in his profession and through the institution founded by his father for children with disabilities, where he served as director for many years.

LOTTY ROSENFELD

Lotty Rosenfeld was born in Santiago de Chile in 1943. A renowned artist, mother, and grandmother, her life bridged the personal and the political. Through her work, she challenged systems of power and made space for new forms of visibility and resistance. She loved dogs, chantilly cream, and family gatherings. Lotty was married to Ramón Coz, with whom she had two children: Ramón and Alejandra Coz. She passed away in 2020, leaving behind a legacy that continues to resonate in both public memory and private lives.

PATRICIA ROSENFELD

Patricia (Patty) Rosenfeld was born in Santiago de Chile in 1946, the youngest of Ernst and Arsenia's children. She lived with a medical condition known as spina bifida, which shaped but did not define her brief life. Patricia died on May 17, 1950, at the age of four. Though her time was short, she was tenderly recalled and deeply loved by her family.

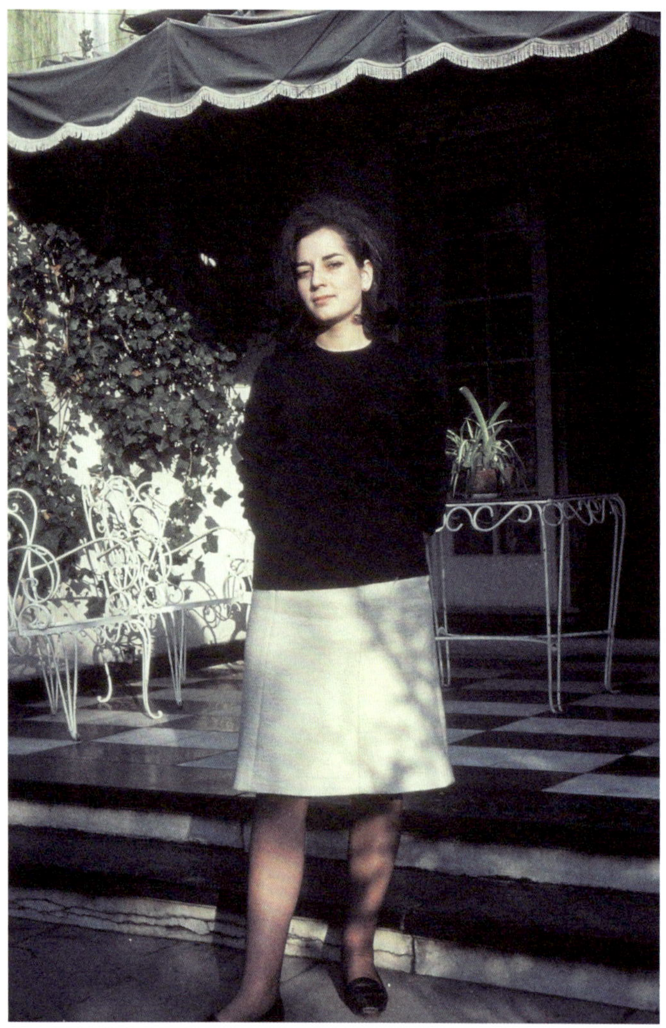

Lotty Rosenfeld, 1959

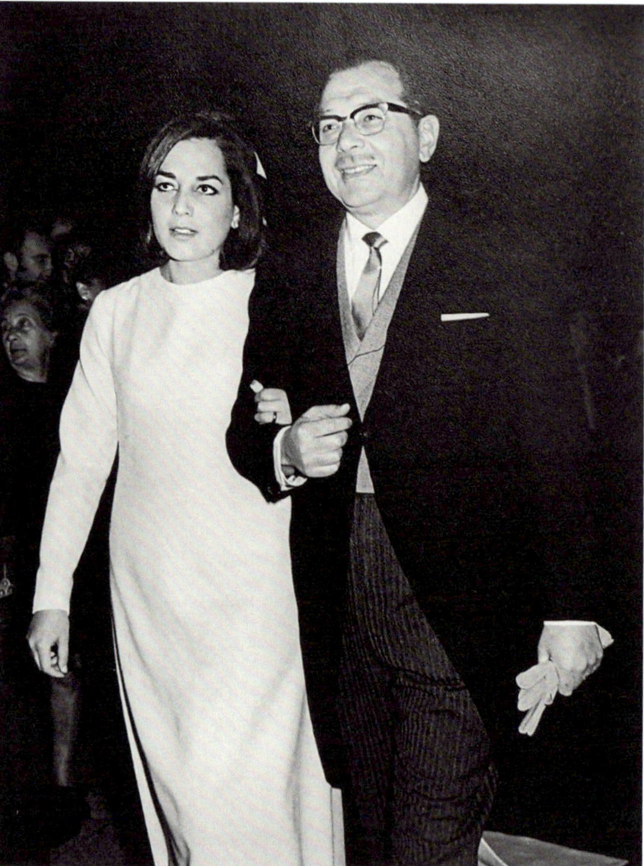

Lotty Rosenfeld & Ernst Rosenfeld, 1968

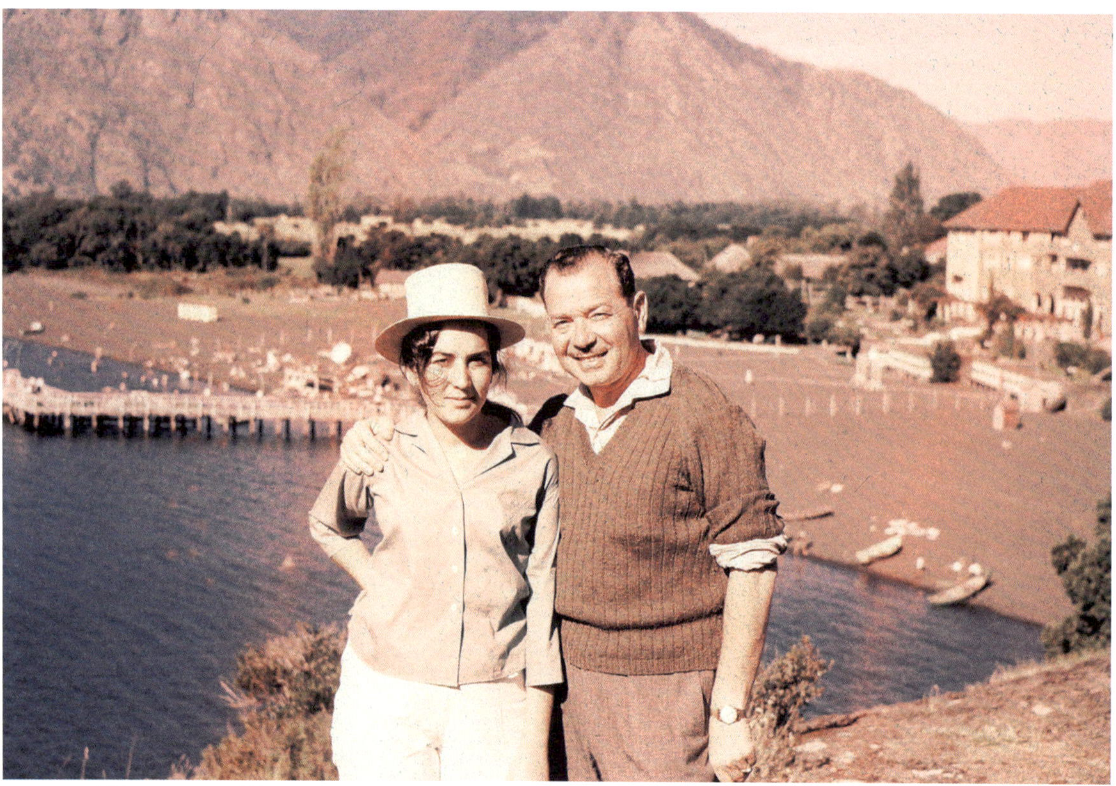

Lotty Rosenfeld & Ernst Rosenfeld, 1958

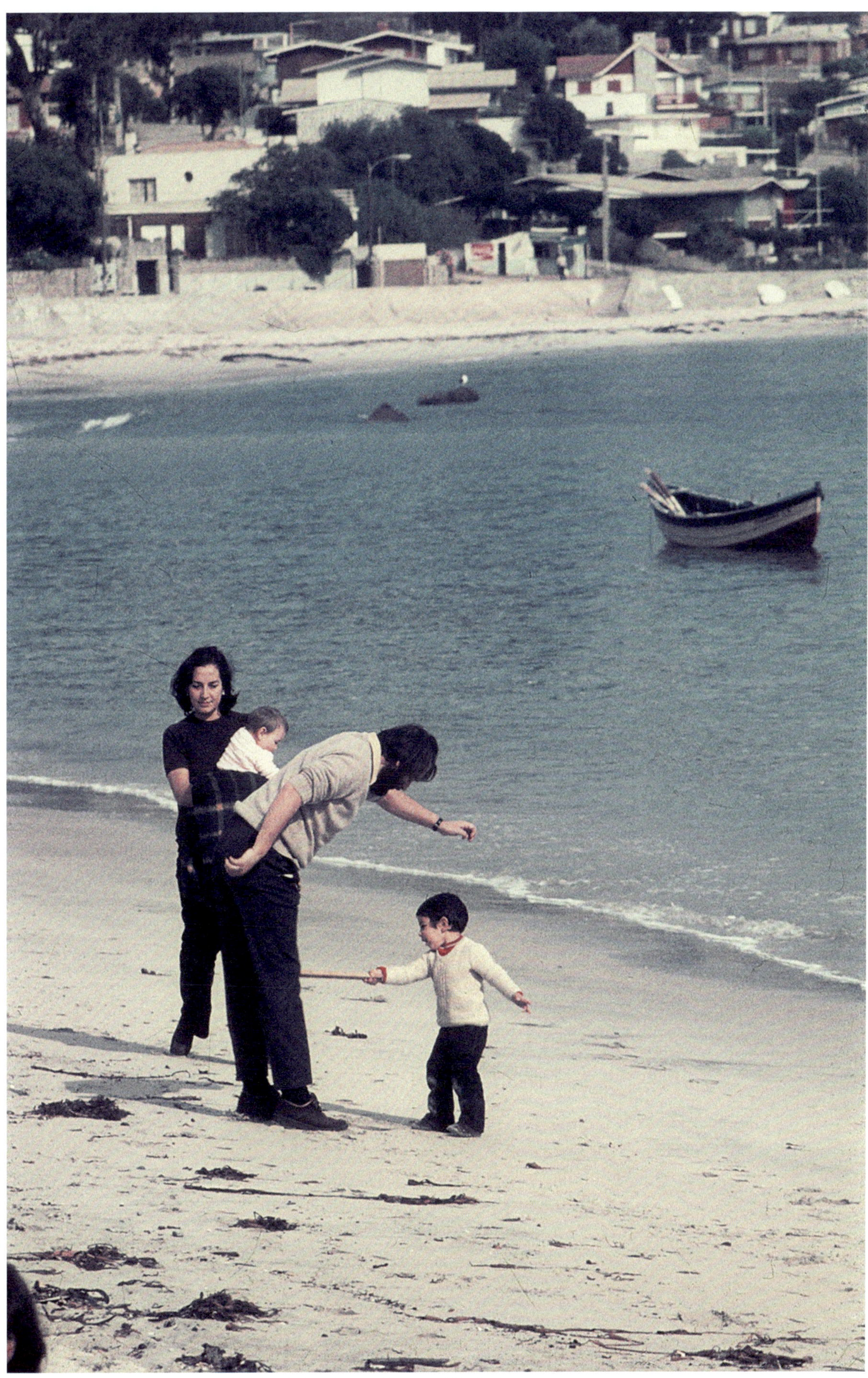

Lotty Rosenfeld, Alejandra Coz Rosenfeld, Ramón Coz, Ramón Coz Rosenfeld, 1972

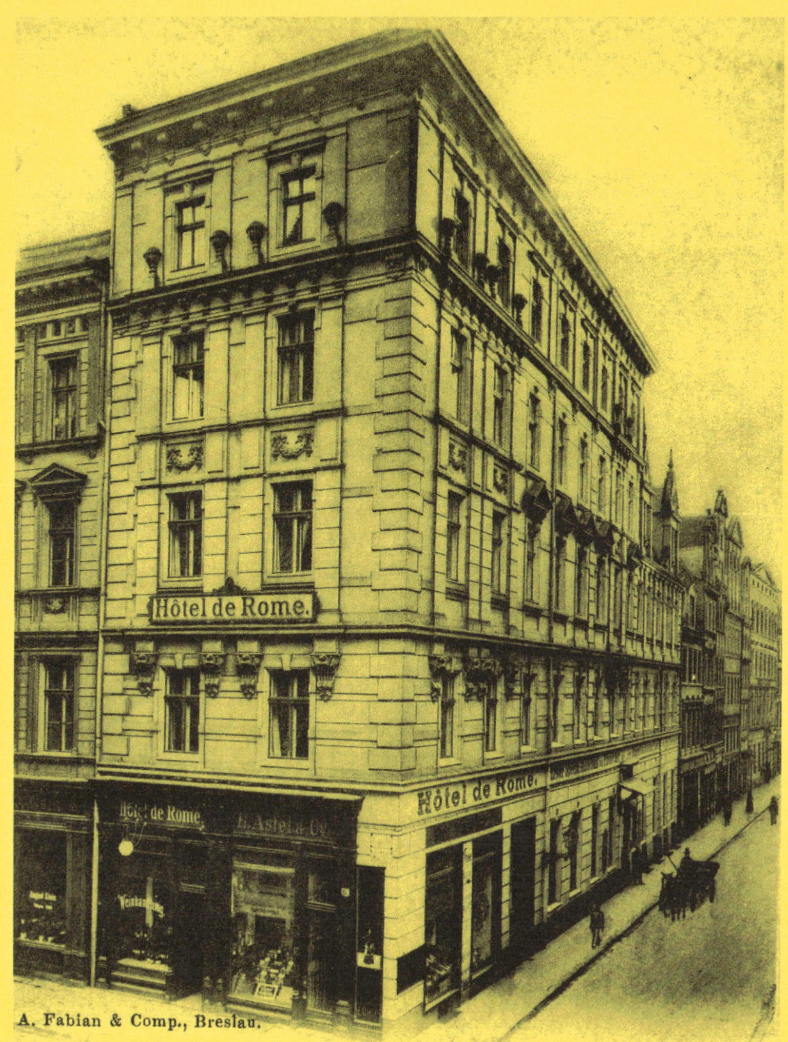

Gruss aus Hôtel de Rome.

Breslau, den 4. Juli 04.

Erlauben mir Ihnen die besten Grüße
zu übersenden.
Ihr kleiner Magdziarz.

Zu Beginn des 20. Jahrhunderts gehörte die Familie Rosenfeld zu den zahlreichen jüdischen Familien, die am bürgerlichen und wirtschaftlichen Leben Breslaus aktiv teilnahmen – einer Stadt, die damals als bedeutendes kulturelles und ökonomisches Zentrum Deutschlands galt. Die Familiengeschichte der Rosenfelds ist eng mit einem Gebäude im Herzen der Stadt verbunden, dessen architektonische Ursprünge bis ins 14. Jahrhundert zurückreichen. 1922 erwarben die Rosenfelds das Anwesen und begannen, das Hotel Rom zu betreiben – ein etabliertes Gasthaus, das bereits seit dem späten 19. Jahrhundert Gäste beherbergte. Für 35.000 Reichsmark übernahmen sie ein Haus mit 45 möblierten Zimmern auf fünf Etagen. Unter ihrer Leitung blieb das Hotel ein Ort der Gastfreundschaft und des Austauschs, an dem sowohl Reisende als auch Nachbar:innen willkommen waren. Im Erdgeschoss befanden sich kleine Ladenlokale, darunter ein Juweliergeschäft und eine Wäscherei, die Dienstleistungen für die Anwohnenden anboten.

Für die Rosenfelds war die Investition mehr als ein wirtschaftliches Unterfangen: Sie war Ausdruck ihres bürgerschaftlichen Engagements und ihrer Zugehörigkeit zu einer Stadt, in der jüdisches Leben persönlich und geschäftlich eng mit der öffentlichen Kultur verwoben war. Wie viele deutsch-jüdische Familien jener Zeit waren die Rosenfelds fest in ihrer lokalen Gemeinschaft verwurzelt und zugleich von einer allgemeinen europäischen Tradition geprägt.

Doch dieses Gefühl der Verwurzelung sollte sich als tragisch gefährdet erweisen. Mit dem Aufstieg des Nationalsozialismus in den frühen 1930er-Jahren veränderte sich das politische und soziale Klima in Breslau unwiderruflich. Bereits 1933 geriet die Familie im Zuge der systematischen Enteignung jüdischen Eigentums unter Druck. Die Lage verschärfte sich, als das lokale Parteizentrum der NSDAP, das sogenannte „Braune Haus", direkt gegenüber einzog. Fortan wurde die Familie von SS und SA eingeschüchtert, Gäste des Hotels verschwanden spurlos, und das einst florierende Geschäft ging zugrunde. Das NS-Regime konfiszierte das Anwesen, womit der Familie die Existenzgrundlage und der Ort der Zugehörigkeit entzogen wurde. Was sich vollzog, war nicht nur ein Bruch in der Familiengeschichte der Rosenfelds, sondern auch ein Spiegelbild der systematischen Auslöschung jüdischen Lebens aus dem Stadtgefüge. Im Jahr 1935 gelang es zwei der drei Kinder, sich der ersten Fluchtwelle deutscher Jüdinnen und Juden nach Lateinamerika anzuschließen und nach Chile zu entkommen.

In Chile – fern von Heimat, Muttersprache und vertrautem Leben – begann das nächste Kapitel ihrer Geschichte. Ernst Rosenfeld fand in Valparaíso eine Anstellung im deutsch geführten Café Riquet, wo er Arsenia Villarreal kennenlernte. Das Paar heiratete 1940 und eröffnete 1946 in Santiago das Café y Salón de Té Villa Real. Die neue Existenz in Chile bedeutete keinen vollständigen Bruch mit der Vergangenheit, sondern ermöglichte eine Kontinuität durch kulinarische Tradition und gelebte Gastfreundschaft. Rudolf und Charlotte, die den Krieg im erzwungenen Exil in Sibirien überlebt hatten, wurden 1946 durch Vermittlung der Polnisch-Sowjetischen Kommission in Santiago mit ihren Kindern wiedervereint. In dieser Stadt begannen sie, ein neues Zuhause zu schaffen – durch gemeinsame Mahlzeiten und Rituale, die sie einst in Breslau gepflegt hatten.

Die Rezepte des Hotel Rom, bewahrt in Erinnerung und Praxis, fanden ihren Weg auf die Speisekarte des Café Villa Real. Auf diese Weise wurden Familientraditionen über Kontinente hinweg weitergetragen: von der Stadt, aus der sie vertrieben worden waren, in eine Stadt, in der ihre Arbeit und Widerstandskraft freundlich begrüßt und aufgenommen wurde. Wie einst in Breslau wurde das Café auch in Santiago mehr als ein Wirtschaftsbetrieb: Es wurde zu einem lebendigen Archiv des Überlebens, einem Ort, an dem Erinnerung und Widerstand täglich auf den Tisch gebracht wurden – Gericht für Gericht.

Die Geschichte der Familie Rosenfeld und des Hotel Rom ist somit nicht nur eine Geschichte des Verlusts, sondern auch eine Geschichte der Erneuerung. Das Motiv der Transformation findet eine eindrückliche Resonanz im Werk der Künstlerin Lotty Rosenfeld, Tochter von Ernst und Arsenia und Enkelin von Rudolf und Charlotte. Ihre im Jahr 1968 verfasste Abschlussarbeit, die den Titel „Galería Comercial en un Hotel" trug, stellte eine spekulative und konzeptuelle Untersuchung des Verhältnisses von Gastfreundschaft, Handel und nationaler Identität dar. Für das fiktive Hotel ihrer Arbeit konzipierte Rosenfeld eine Reihe von

Geschäften, die lokale chilenische Produkte
anboten, um ausländische Tourist:innen in
die chilenische Kultur eintauchen zu lassen.
Die zentrale Fragestellung lautete: Was muss ein
Hotel leisten, um als Ort des kulturellen Trans-
fers zu fungieren? Ihre Arbeit war zugleich ein
utopischer Vorschlag für eine kulturbasierte
Tourismuswirtschaft und eine Reflexion über
die hybride Natur von Hotels – jene Orte, an
denen globale Bewegung und lokale Besonder-
heit aufeinandertreffen.

So reaktivierte Rosenfeld nicht nur eine
familiäre Erinnerung, sondern auch die Struktur,
die ihre Familie einst in Breslau gelebt hatte.
Durch diesen generationsübergreifenden Kreis-
lauf zeigt sich, wie das Hotel als Ort der Gastfreundschaft, des Austauschs und der Erinnerung
in ihrem konzeptuellen, künstlerischen Denken
wieder auftauchte – gefiltert durch das Exil, das
Überleben und die kulturelle Neuverwurzelung
ihrer Familie in Chile. Sowohl Rosenfelds frühes
künstlerisches Werk als auch die Erfahrungen
ihrer Familie veranschaulichen, wie die Diaspora
sich ihren Raum zurückerobert – nicht durch das
Auslöschen der Vergangenheit, sondern durch
ihre Neudefinition für die Zukunft.

In the early 20th century, Rudolf and Charlotte Rosenfeld were among the many Jewish families who played an active role in the civic and commercial life of the city of Breslau—then a major cultural and economic center of Germany. Their story is closely linked to a building in the historic heart of the city, which in the Rosenfelds' lifetime was an established lodging house, with 45 furnished rooms across 5 floors. In 1922, the Rosenfelds bought this property and took over the operations of the Hotel Rom. Under their ownership, it continued to function as a space of hospitality and exchange, accommodating travelers and local visitors alike. On the ground floor, the building also housed small retail shops that served the local neighborhood, including a jewelry store and laundrette.

The Rosenfelds' investment in the hotel was not solely an economic venture; it represented an act of civic engagement and belonging in a city where personal and professional Jewish life was deeply interwoven with public culture. Like many German-Jewish families of the time, the Rosenfelds were both firmly rooted in their local community and shaped by a broader European experience of migration, education, and enterprise.

This sense of rootedness, however, would prove tragically vulnerable. With the rise of National Socialism in the early 1930s, the political and social climate of Breslau changed irreversibly. In 1933, as part of the escalating campaign to expropriate Jewish-owned property, the Rosenfeld family came under increasing pressure to give up the hotel. The situation worsened when the local headquarters of the Nazi Party—known as the Braunes Haus—was established directly across the street. The family was subjected to acts of intimidation and violence by members of the SS and SA, hotel guest vanished without explanation, and the once-thriving business fell into decline. What followed was not only a rupture in the Rosenfeld family's history, but a reflection of the broader erasure of Jewish life from the fabric of the city. The Nazi regime soon confiscated the property, stripping the family of its livelihood and place of belonging.

Facing increasing persecution, two of the Rosenfelds' three children managed to flee to Chile in 1935, part of the early wave of German-Jewish exiles who sought refuge in Latin America. And it is in Chile, in a foreign land and language, that the next chapter of this story unfolds. In Valparaíso, the Rosenfelds' son, Ernst, found a job in the German Café Riquet, where he would meet his future wife Arsenia Villarreal. The couple married in 1940, and in 1946 they opened their own café in Santiago, the Café y salón de té Villa Real.

Far from being a complete break with their past, in their new lives in Chile, the Rosenfelds' were able to build a sense of continuity through food and hospitality. After having survived the war years in forced exile in Siberia, Rudolf and Charlotte were reunited with their children in Santiago in 1946, and in that city the family began to rebuild a sense of home through the meals and rituals they had once shared in Breslau.

The recipes from the Hotel Rom—preserved through memory and practice—were integrated into the menu at Café Villa Real. In this way, family traditions were carried across continents: from a city that had erased them, to one that welcomed their labor and resilience. In Santiago as it had been in Breslau, the café was more than a business—it was a living archive of survival, a place where remembrance and resistance were served daily, dish after dish.

The story of the Rosenfeld family and the Hotel Rom is, then, not solely one of loss—it is also one of reinvention. This narrative of transformation finds a poignant echo in the work of artist Lotty Rosenfeld, Ernst's daughter and the granddaughter of Rudolf and Charlotte. Graduating from art school in 1968, Lotty's thesis project was titled *Galería Comercial en un Hotel*—a speculative and conceptual investigation into the relationship between hospitality, commerce, and national identity. In this imaginary hotel, she envisioned a series of curated shops, each offering local Chilean products for sale that were intended to educate and immerse foreign tourists in Chilean culture. The work asked: What must a hotel do to become a site of cultural transmission? It was both a utopian proposal for a tourist economy anchored in culture, and a reflection on the hybrid nature of hotels, spaces where global movement meets local specificity.

In this way, Rosenfeld's project reactivated the very structure her family had once stewarded in Breslau. Through this generational loop, we see how the hotel as a site of hospitality, exchange, and memory resurfaced in her conceptual thinking—filtered through her family's exile, survival, and cultural re-rooting in Chile. Both her early artwork and her family's experiences speak to the ways in which diaspora reclaims space—not by erasing the past, but by reimagining it for the future.

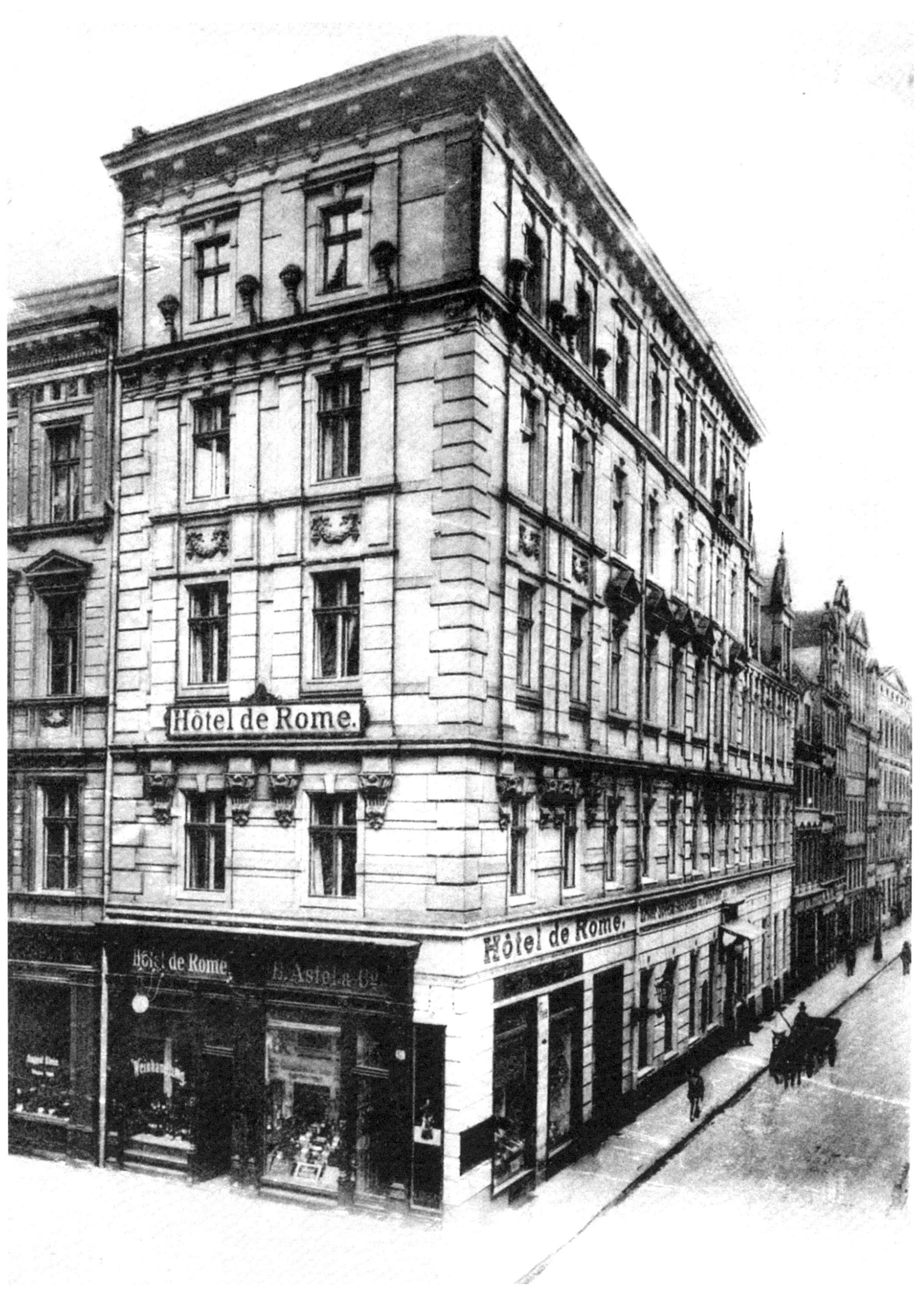

Postkarte, Hotel de Rome, Breslau, Anfang 20. Jahrhundert
Postcard of the Hotel de Rome, Wrocław, early 20th century

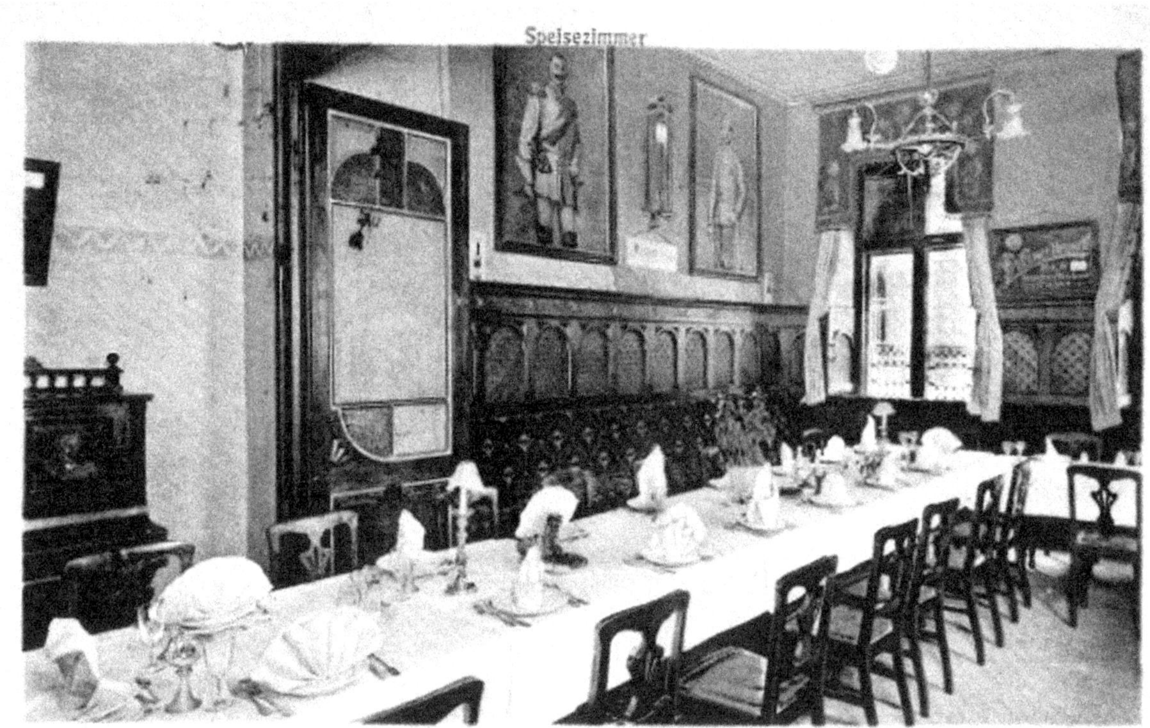

Postkarte, Speisezimmer, Hotel de Rome, Breslau, Anfang 20. Jahrhundert
Postcard of the dining hall at the Hotel de Rome, Wrocław, early 20th century

HOTEL „ROM" · BRESLAU 1

Kaffee und Restaurant

Innere Stadt — neben der Hauptpost

Zentralheizung = Fahrstuhl = Bad im Hause

Fernsprecher 207 70

Breslau 1, den 25. Oktober 193 5.
Bischofstraße 10 a

Z e u g n i s .

Herr Ernst Rosenfeld geb.am 17.November 1917 war vom 1.Juli 1932 bis heute in meinem Unternehmen als Volonär beschäftigt.

Er hat in dieser Zeit Gelegenheit gehabt, sich mit allen das Hotel-, Restaurations- und Cafegewerbe betreffenden Arbeiten eingehend zu beschäftigen, und er hat sich bei der Ausführung der ihm übertragenen Arbeiten stets willig, fleissig und geschickt gezeigt.

In der letzten Zeit hat er zeitweilig in meiner Vertretung den gesamten Hotel-, Restaurations- und Cafebetrieb geleitet und selbständig alle damit verbundenen Arbeiten, wie Wareneinkauf, Einteilung und Beaufsichtigung des Personals zu meiner vollsten Zufriedenheit erledigt.

In seinem Betragen gegen mich und die Gäste war er stets bescheiden und zuvorkommend.

Ich kann ihn jederzeit, auch für selbständige und verantwortliche Stellungen empfehlen.

Breslau,den 25.Oktober 1935.

H o t e l und C a f e R o m
Betriebsgesellschaft

Zeugnis ausgestellt an Ernst Rosenfeld, 25. Oktober 1935
Certificate issued to Ernst Rosenfeld, October 25, 1935

Eidesstattliche Versicherung
================================

Über die Bedeutung der Abgabe einer eidesstattlichen Versicherung
und deren Strafbarkeit im Falle ihrer Unrichtigkeit unterrichtet,
versichern wir Nachstehendes An Eidesstatt:
Ich,der unterzeichnete Rudolf Rosenfeld,bin am 16.Oktober 1879 in
Kolbuszowa,früher Osterreich,nach 1918 Polen,geboren.
Ich,die unterzeichnete Ehefrau Charlotte Rosenfeld geb.Lusbader,
bin am 8.November 1885 in Lipnik bei Bielitz,Osterreich-Schlesien,
nach 1918 Polen,geboren.Wir haben die Ehe im Jahre 1905 am 5.Febr.,
geschlossen.Aus unserer Ehe sind drei Kinder hervorgegangen:
die am 31.Dezember 1906 in Mährisch Ostrau,nach 1918 Tschecho-Slowakei geborene Steffi,die am 20.Dezember 1911 in Mährisch Ostrau
geborene Frida und der am 17.November 1917 in Mährisch -Ostrau geborene Sohn Ernst Rosenfeld.-Als wir gezwungen wurden,unsere Kinder
in die tschechische Schule zu schicken,dies aber als Angehörige
deutscher Volkszugehörigkeit bezw.deutschen Kulturkreises nicht
wollten,schickten wir unsere Kinder nach Breslau zur Schule und
gaben sie in ein Pensionat zu Beisenherz in Breslau,Hohenzollern-
strasse.Dein Sohn Ernst besuchte bis 1934 das Realgymnasium in
Breslau.Im Jahre 1922 übersiedelten wir selbst nach Breslau und
kauften und das Hotel Rom mit dazugehörigem Grundstück in Breslau,
Albrechtstr.12.Da wir in der Tschecho-Slowakei dem deutschen
Schulverein und dem deutsceh Kulturbund angehörten,bekamen wir bald
die Genehmigung zu dauerndem Aufenthalt in Breslau.Unser Hotel ging
gut und ernährte uns bis 1933 derartig,dass wir jährlich durchschnittlich über RM 10.000.--nach Abzug unseres im Hotel genossenen
Unterhalts zurücklegen konnten.Dies änderte sich mit Hitlers Macht-
ergreifung.Gegenüber unserem Hotel wurde das sog.Braune Haus unter-
gebracht.Was wir dann durch die SA und SS gelitten haben,lässt sich
kaum schildern.Der unterzeichnete Rudolf Rosenfeld wurde grundlos
blutig geschlagen.Keine Nacht mehr lagen wir in unseren Betten aus
Angst erschlagen zu werden.Wir versteckten uns nachts immer im Hotel.
Unsere Gäste wurden herausgeholt und kamen niemals mehr zum Vorschein
unser Betrieb wurde boykottiert,.Und so gingen wir seelisch und wirtschaftlich zu Grunde bis eines Tages noch die Polizei kam und uns aus
dem Hotel hinauswarf mit dem Bemerken,das Hotel gehöre von nun ab
dem preussischen Staat.Ohne Geld und nur mit den persönlichsten Sachen mussten wir hinaus bis wir dann im Jahre 1938 unter drückendsten Verhältnissen nach Polen abgeschoben wurden.Einige Monate darauf brach der Krieg aus und wurden dann von den Russen von Lemberg
nach Sibirien geschafft,wo wir 6 Jahre in Not und Elend lebten.
Unsere Tochter Steffi wurden von den Deutschen Nazis zusammen mit
ihrem Ehemann namens Blau im Jahre 1942 in Auschwitz vernichtet.
Da wir Antikommunisten waren,flüchteten wir nach Kriegsende aus dem
polnisch gewordenen Breslau,wohin wir zunächst auf kurze Zeit zurückgekehrt waren, und kamen schliesslich nach Chile.Wir beide sind ohne
eigenen Mittel und infolge unseres Alters von 76 bezw.70 Jahren nicht
mehr in der Lage uns durch Arbeit zu ernähren.-
Als Zeugen über unsere wirtschaftlichen Angaben über Breslau vor dem
Kriege benennen wir Herrn Werner Krüger,Direktor der Kölner Television
in Köln. Wir gehören der jüdischen Religionsgemeinschaft an.
Unsere sämtlichen Dokumente die wir bei uns hatten,mussten wir in Sibirien,als der Krieg mit Deutschland ausbrach,vernichten.

Rudolf Rosenfeld, Eidesstattliche Versicherung, Santiago de Chile, 1955
Rudolf Rosenfeld, affidavit for reparations claim, Santiago de Chile, 1955

Über die Bedeutung der Abgabe einer eidesstattlichen
Versicherung und deren Strafbarkeit im Falle ihrer Unrichtig-
keit unterrichtet, versichern wir nachstehendes Eidesstatt:
Ich, der unterzeichnete Rudolf Rosenfeld, bin am 16.
Oktober 1879 in Kolbuszowa früher Österreich, nach 1918
Polen, geboren. Ich, unterzeichnete Ehefrau Charlotte
Rosenfeld, geb. Lus(t)bader, bin am 8. November 1885 in
Lipnik bei Bielitz, Österreich-Schlesien, nach 1918 Polen,
geboren. Wir haben die Ehe im Jahre 1905 am 5. Februar
geschlossen. Aus unserer Ehe sind drei Kinder hervorgegangen: die am 31. Dezember 1906 in Mährisch-Ostrau nach
1918 Tschecho-Slovakei, geborene Steffi, die am 20.
Dezember 1911 in Märisch-Ostrau geborene Frieda und der
am 17. November 1917 in Märisch-Ostrau geborene Ernst
Rosenfeld. Als wir gezwungen wurden, unsere Kinder in dei
tschechische Schule zu schicken, dies aber als Angehörige
deutscher Volkszugehörigkeit nicht wollten schickten wir
unsere Kinder nach Breslau zur Schule und gaben sie in ein
Pensionat zu Beisenherz in Breslau, Hohenzollernstrasse.
Der Sohn Ernst besuchte bis 1934 das Realgymnasium in
Breslau. Im Jahre 1922 übersiedelten wir selbst nach Breslau
und kauften uns das Hotel Rom mit dazugehörigem
Grungstück in Breslau, Albrechtstrasse 17 und Bischofstrasse
10a. Da wir in der Tschechoslovakei dem deutschen
Schulverein und dem deutschen Kulturbund angehörten,
bekamen wir bald die Genehmigung zu dauerndem
Aufenthalt in Breslau. Unser Hotel ging gut und ernährte uns
bi 1933 derartig, dass wir jährlich durchschnittlich über RM.
10.000.-- nach Abzug unseres im Hotel genossenen
Unterhalts zurücklegen konnten. Dies änderte sich mit
Hitlers Machtergreifung. Gegenüber unserem Hotel
Bischofstrasse 10a, wurde das sogenannte Braune Haus
untergebracht. Was wir dann durch die SA und SS gelitten
haben, lässt sich kaum schildern. Der unterzeichnete Rudolf
Rosenfeld wurde grundlos blutig geschlagen. Keine Nacht
mehr lagen wir in unseren Betten, aus Angst erschlagen
zu werden. Wir versteckten uns nachts immer im Hotel.
Unsere Gäste wurden herausgeholt und kamen niemals
mehr zum Vorschein, unser Betrieb wurde boykotiert.
Und so gingen wir seelisch und wirtschaftlich zugrunde bis
eines Tages noch die Polizei kam und uns aus dem Hotel
hinauswarf mit dem Bemerken, das Hotel gehöre von nun
ab dem Preusischem Staat. Schlieslich kam unser Hotel zur
Versteigerung. Ohne Geld und nur mit den persönlichsten
Sachen mussten wir hinaus, bis wir dann im Jahre 1938
unter drückendsten Verhältnissen nach Polen abgeschoben
wurden. Einige Monate darauf brach der Krieg aus und wir
wurden dann von den Russen von Lemberg nach Sibirien
geschafft, wo wir 6 Jahre in Not und Elend lebten. Unsere
Tochter Steffi wurde von den deutschen Nazis zusammen
mit ihrem Ehemann, namens Blau, im Jahre 1942 in Auschwitz vernichtet. Da wir Antikommunisten waren, flüchteten
wir nach Kriegsende aus dem polnisch gewordenen Breslau,
wohin wir zunächst auf kurze Zeit zurückgekehrt waren,
und kamen schliesslich nach Chile. Wir beide sind ohne
eigene Mittel und infolge unseres Alters von 76 bezw. 70
Jahren nicht mehr in der Lage, uns durch Arbeit zu ernähren. Als Zeugen über unsere wirtschaftlichen Angaben über
Breslau vor dem Kriege benennen wir Herrn Walter
Leschziner in Santiago, Vicuna Maccenna 598 und Herrn
Georg Muschen in Santiago, Arturo Prat 201. Wir gehören
der jüdischen Religionsgemeinschaft an. Unsere sämtlichen
Dokumente, die wir bei uns hatten, mussten wir in Sibirien,
als der Krieg mit Deutschland ausbrach, vernichten.
Santiago de Chile, März 1955.
Adelaida de la Fetra 2360

Having been informed of the importance of making an
affidavit and the criminal liability if it is false, we hereby
swear the following:
I, the undersigned Rudolf Rosenfeld, was born on
October 16, 1879, in Kolbuszowa, formerly Austria, and
after 1918 Poland. I, my wife, Charlotte Rosenfeld, née
Lusbader, was born on November 8, 1885, in Lipnik near
Bielsko, Austrian Silesia, and after 1918 Poland. We
married on February 5, 1905. Our marriage produced
three children: Steffi, born on December 31, 1906, in
Moravian-Ostrau, which became Czechoslovakia in 1918;
Frieda, born on December 20, 1911, in Moravian-Ostrau;
and Ernst Rosenfeld, born on November 17, 1917, in
Moravian-Ostrau. We were forced to send our children to
a Czech school, but as members of German ethnicity we
did not want to do this, so we sent them to Breslau and
placed them in a Beisenherz boarding school in Breslau,
on Hohenzollernstrasse. Our son, Ernst, attended the
Realgymnasium in Breslau until 1934. In 1922, we moved
to Breslau and bought the Hotel Rom and the adjoining
property in Breslau, at Albrechtstrasse 17 and Bischofstrasse 10a. Since we belonged to the German School
Association and the German Cultural Association in
Czechoslovakia, we soon received permission to reside
permanently in Breslau. Our hotel was doing well and,
until 1933, provided us with enough money to save an
average of over 10,000 Reichsmark annually after deduct-
ing our hotel expenses. This changed with Hitler's rise to
power. Opposite our hotel, at Bischofstrasse 10a, was the
so-called Brown House. What we then suffered at the
hands of the SA and SS is almost impossible to describe.
The undersigned, Rudolf Rosenfeld, was beaten bloody for
no reason. We never slept in our beds for fear of being
killed. We always hid in the hotel at night. Our guests
were taken away and never came out again; our business
was boycotted. And so we perished mentally and finan-
cially until one day the police came and threw us out of
the hotel, saying that from now on it belonged to the
Prussian state. Eventually, our hotel was put up for
auction. Without any money and with only our most
personal belongings, we were forced to leave until we
were deported to Poland in 1938 under the most oppres-
sive conditions. A few months later, the war broke out,
and the Russians deported us from Lviv to Siberia, where
we lived for six years in hardship and poverty. Our
daughter Steffi and her husband, Jindrich Blau, were
murdered by the German Nazis in Auschwitz in 1942.
Because we were anti-communists, we fled Breslau, which
had become Polish, after the war ended. We initially
returned there for a short time, and eventually ended up in
Chile. Both of us are without our own means and, due to
our ages of 76 and 70, are no longer able to support
ourselves through work. As witnesses to our pre-war
economic information about Breslau, we name Mr. Walter
Leschziner in Santiago, Vicuna Maccenna 598, and Mr.
Georg Muschen in Santiago, Arturo Prat 201. We belong
to the Jewish religious community. We had to destroy all
the documents we had with us in Siberia when the war
with Germany broke out.
Santiago de Chile, March 1955.
Adelaida de la Fetra 2360

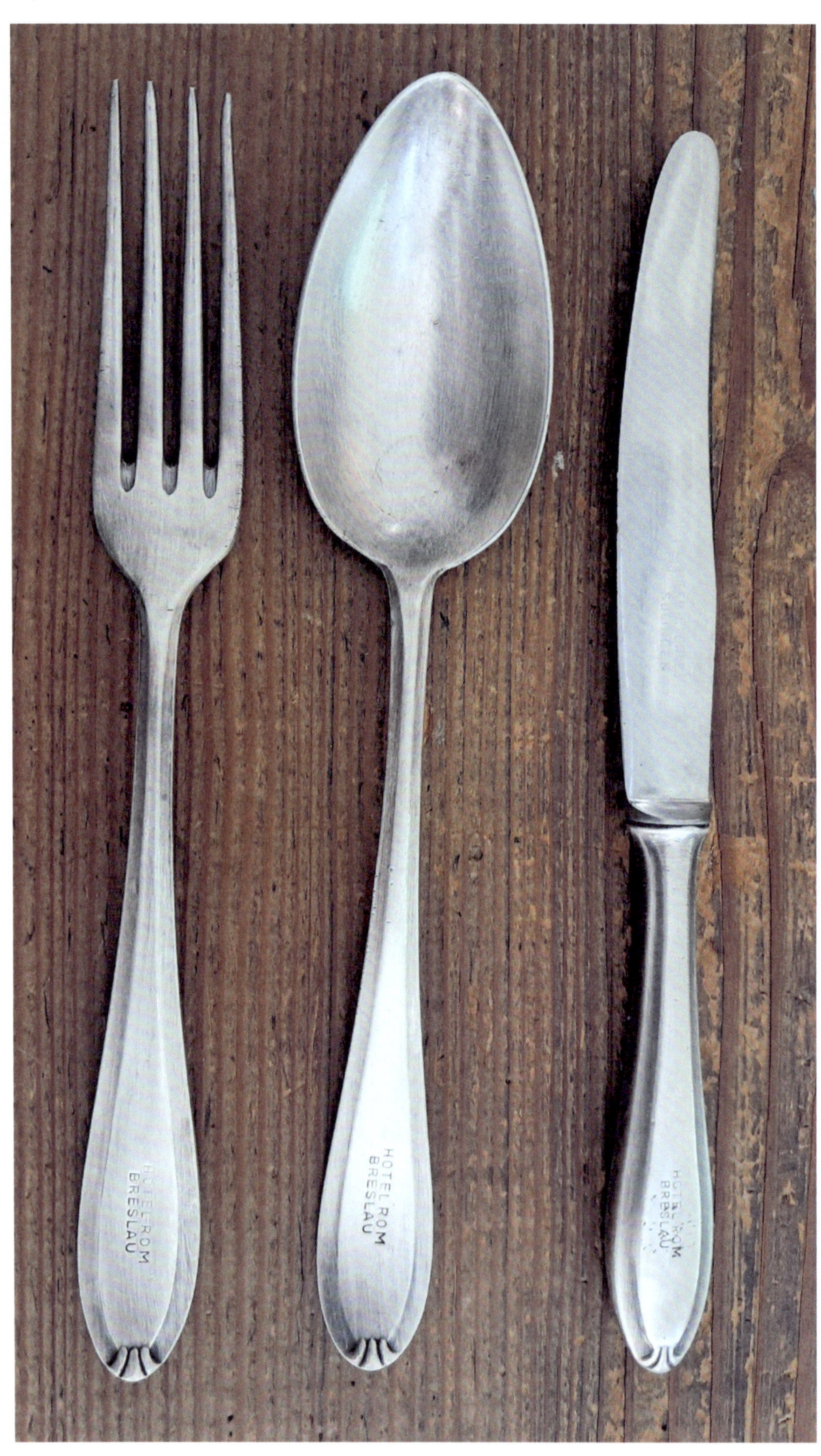

Besteck aus der Zeit der Familie Rosenfeld im Hotel Rom, 1930er-Jahre
Cutlery from the Rosenfeld's time at Hotel Rom, 1930s

Spekulatius (Pascua

2 K harina
1 500 granulado
500 mantequilla
6 huevos enteros
1/4 leche
10 grs amoniun
35 grs olores surtidos

Se enmantecan y harina
en la lata se cortan
annonalitos, estrellas se
pintan con botón de colo

Kesis – kuchen.

Galletas redondas grandes para
empaquetar en celofon.
—
720 grs mantequilla
1 k. de flor
200 grs azucar granulada
3/4 de leche   — vanilla
3 K harina   — ralladura lim
20 grs. bicarbonato de sodi
14 " de amoniun.
—
Se mezcla todo, se uslerea
delgado se cortan grandes y
se pintan con leche.

—

Rezeptbuch Arsenia Villarreal, „Spekulatius" und „Kesis [Käse] Kuchen", 1950
Arsenia Villareal's recipe book, with recipes for speculoos and cheesecake, 1950

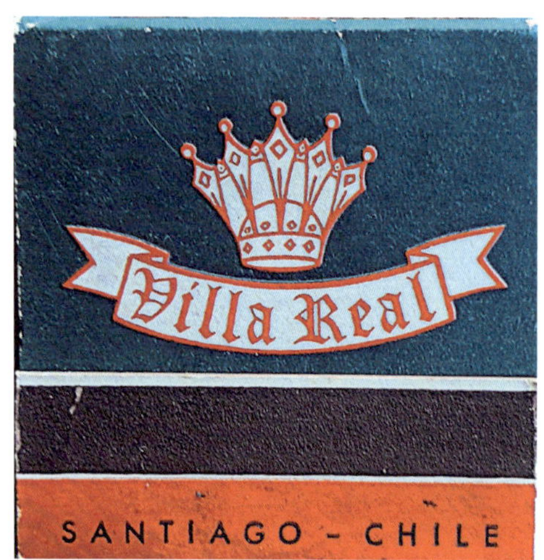

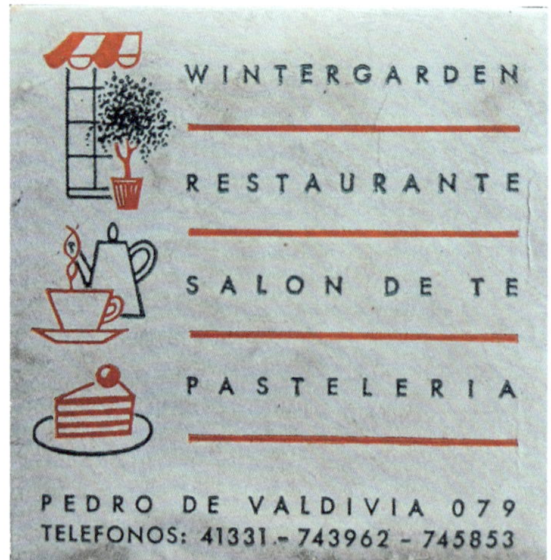

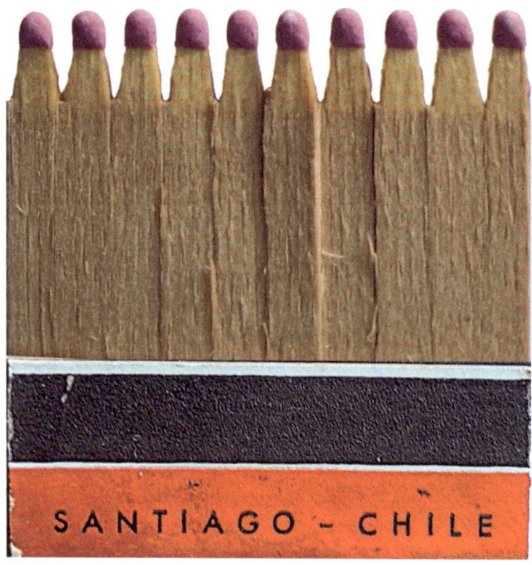

Streichholzschachtel Café Villa Real, 1950er-Jahre
Matches from the Café Villa Real, 1950s

UNIVERSIDAD DE CHILE

FACULTAD DE BELLAS ARTES

ESCUELA DE ARTES APLICADAS

PROYECTO DE TITULO:

GALERIA COMERCIAL EN UN HOTEL

EUGENIA ROSENFELD V.

MARCELA COSIGNANI R.

PROFESOR GUIA:

SR. EDWIN HARAMOTO

1 9 6 8

Lotty Rosenfeld, *Galeria Comercial en un Hotel,* Abschlussarbeit, Universidad de Chile, 1968
Lotty Rosenfeld, *Galeria Comercial en un Hotel,* final thesis, Universidad de Chile, 1968

I N D I C E
===============

xoxoxoxoxoxoxoxoxoxoxoxox

El Hotel Cordillera se construye actualmente en Santiago en Avda. Santa María N° 1752, con capitales de la Soc. Inmobiliaria San Cristóbal.- Forma parte de un Complejo Turístico importante que se desarrollará en las vecindades del lugar en los próximos años y que estará formado entre otros, por locales de Oficinas de Turismo, Oficinas para las Líneas Aereas que operan en el país, Terminal Aereo y una vasta zona de obras exteriores y de Urbanización.

El Hotel es un edificio de Hormigón Armado con terminaciones de lujo, de 6 pisos de altura, dos subterráneos y un Piso Mecánico especialmente diseñado para dar cabida a las Instalaciones del Edificio. Consta de 361 habitaciones incluyendo 18 moteles que se encuentran ubicados en el 1er. Subterráneo.

El edificio está dividido en cuatro Cuerpos: A - B - C y D. Este último Cuerpo es independiente de los otros tres y constituye la Sala de Conferencias del Hotel.

El primer piso está constituído por una gran zona que incluye:- hall de acceso, Restaurant, Coffee Shop, Boite, Comedores, Recibos, Galería Comercial, Peluquería, Oficinas, etc.

En los subterráneos se encuentran las bodegas, zona de instalaciones, Comedores de servicio, etc.

Los pisos superiores están destinados a las habitaciones.

En las obras exteriores se consultan 2 piscinas, jardines, terrazas, etc.

Con los antecedentes expuesto, demás está decir, la importancia que tendrá este Hotel en Santiago, y fué ésta una de las principales razones por las cuales nos interesamos en desarrollar nuestro proyecto en este Hotel.

Al informarnos del proyecto del Hotel, no nos fué fácil elegir la Galería Comercial como tema de nuestro proyecto, ya que como se ha dicho más arriba, tanto en el primer piso como en los pisos superiores existían también temas interesantes para desarrollar el trabajo.

Nuestra elección se fundó principalmente en que dadas las características del Hotel y sus futuros huéspedes, la mejor forma de ayudar al fomento del turismo en nuestro país era mediante esta Galería Comercial proyectada de tal manera que permitiera al turista conocer a Chile a través de su cultura.

Basadas en esta idea central, nos pareció fundamental recurrir a una encuesta que nos proporcionara antecedentes ciertos para así desarrollar el proyecto en base a la realidad.

Los resultados de la encuesta fueron una valiosa información que nos permitió abordar el proyecto en sí, que dió como resultado una gran zona integrada, dividida sólo por las diferencias de niveles en zona de Informaciones, zona de Exhibición y Ventas y zona de Oficina de Turismo.

xoxoxoxoxoxoxoxoxoxoxoxoxox

E N C U E S T A
=============================

1.- Encuesta a Hoteles de lujo y de 1ª A. (Gerencia, Administración, Huéspedes y Locales Comerciales).

    a) Motivos por los cuales es necesario recurrir a una encuesta.

    b) Confección de cuestionarios para la encuesta.

    c) Realización de la encuesta.

    d) Clasificación de los antecedentes proporcionados por la encuesta.

    e) Análisis y síntesis de la clasificación.

    f) Conclusiones de la síntesis de la encuesta que permitirán escoger debidamente algunas condiciones básicas del proyecto.

xoxoxoxoxoxoxoxoxoxoxoxoxoxoxox

4

MOTIVO POR LOS CUALES ES NECESARIO RECURRIR A UNA ENCUESTA

Es necesario recurrir a una encuesta, para llegar a determinar debidamente algunas condiciones básicas para el desarrollo del proyecto.

1.- Clasificación de los huéspedes que acuden a Hoteles de lujo y de 1ª A.

2.- Intereses en cuanto a compras, de los huéspedes.

3.- Elección del tipo de Locales a instalar, y funcionamiento de éstos.

4) Motivos por los cuales el huesped compraría o no compraría en estos Locales.

5.- Conocimientos que tienen los huéspedes acerca del país y sus intereses en cuanto al conocimiento de éste.

6.- Datos estadísticos.

xoxoxoxoxoxoxoxoxoxoxoxox

HOTELES   DE   LUJO

CUESTONARIO N° 1:- GERENCIA HOTEL CARRERA (Hotel de lujo).-

1.- Qué capacidad tiene el Hotel?

2.- En que' proporción se llena el Hotel?
Cuáles son las temporadas de amyor afluencia de gente?

3.- Qué % de extranjeros acuden al Hotel?
Dentro de estos, de qué nacionalidad es la mayoría?

4.- Qué % de hombres y de mujeres acuden al Hotel?

5.- Qué edad media tiene la persona que acude al Hotel?

6.- Cuál de estas razones, en la persona que acude al Hotel es la más frecuente?
      a) Turismo
      b) Negocios
      c) De paso
      d) Chilenos de Provincia.

7.- Cuál es el nivel cultural y socio-económico de la persona que acude al Hotel?

8.- Qué tipos de Locales Comerciales existen en el Hotel?.
Por qué se instalaron estos Locales y no otros?

9.- Qué Locales se han instalado antes y no existen ahora?
Por qué fracasaron?

10.- Qué rubro se agregaría si hubiera que hacerlo?

11.- Qué Local es el de más ventas?

12.- Estos Locales funcionan a cargo de concesionarios?

13.- Convendría instalar en un Hotel de lujo no céntrico:

TRANSKRIPT: EINKAUFSPASSAGE IN EINEM HOTEL

UNIVERSITÄT VON CHILE
FAKULTÄT DER SCHÖNEN KÜNSTE
SCHULE FÜR ANGEWANDTE KUNST

ABSCHLUSSARBEIT:
EINKAUFSPASSAGE IN EINEM HOTEL

EUGENIA ROSENFELD V.
MARCELA COSIGNANI R.

BETREUER:
SR. EDWIN HARAMOTO

1 9 6 8

INDEX

ALLGEMEINES.-

Das Hotel Cordillera wird derzeit in Santiago in der Avenida Santa María Nr. 1752 gebaut, mit Kapital der Immobiliengesellschaft San Cristóbal. Es ist Teil eines bedeutenden touristischen Komplexes, der sich in den kommenden Jahren in der Umgebung entwickeln wird und der unter anderem Touristeninformationszentren, Vertretungen der im Land tätigen Fluggesellschaften, ein weitläufiges Areal mit Freianlagen und Infrastrukturmaßnahmen umfassen wird.

Das Hotel ist ein Stahlbetongebäude mit luxuriöser Ausstattung, sechs Stockwerke hoch, zwei Untergeschosse und einem speziell entworfenen technischen Stockwerk für die Gebäudetechnik.

Es verfügt über 361 Zimmer, darunter 18 Motels, die sich im ersten Untergeschoss befinden.

Das Gebäude ist in vier Bereiche unterteilt: A – B – C und D. Der letzte Bereich ist unabhängig von den anderen drei und bildet den Konferenzsaal des Hotels.

Das Erdgeschoss umfasst: Eingangsbereich, Restaurant, Kaffeehaus Bar, Speisesäle, Empfangsräume, Einkaufspassage, Friseursalon, Büros usw.

In den Untergeschossen befinden sich die Lagerräume, die technischen Anlagen, die Speisesäle für das Personal usw.

Die oberen Stockwerke sind den Zimmern vorbehalten.

Zu den Außenanlagen gehören zwei Schwimmbäder, Gärten usw.

Angesichts all dieser Fakten ist die Bedeutung dieses Hotels für Santiago offensichtlich, und das war einer der Hauptgründe, warum wir uns entschieden haben, unser Projekt in diesem Hotel zu entwickeln.

Als wir vom Hotelprojekt erfuhren, war es nicht leicht, die Einkaufspassage als Thema unseres Projekts zu wählen, da es – wie oben erwähnt – sowohl im Erdgeschoss als auch in den oberen Etagen interessante Themen für eine Ausarbeitung gab.

Unsere Wahl gründete sich hauptsächlich auf die Tatsache, dass es angesichts der Eigenschaften des Hotels und seiner zukünftigen Gäste der beste Weg war, den Tourismus in unserem Land zu fördern, indem diese Einkaufspassage so gestaltet wurde, dass der Tourist Chile durch seine Kultur kennenlernen kann.

2.-

Auf der Grundlage dieser zentralen Idee hielten wir es für wesentlich, eine Umfrage durchzuführen, die uns verlässliche Daten liefert, um das Projekt auf Grundlage der tatsächlichen Gegebenheiten zu entwickeln.

Die Ergebnisse der Umfrage lieferten wertvolle Erkenntnisse, die es uns ermöglichten, das Projekt eigenständig umzusetzen. Das Resultat war eine funktional integrierte Zone, die ausschließlich durch verschiedene Ebenen der Bereiche Information, Ausstellung, Verkauf und Tourismus gegliedert wird.

xoxoxoxoxoxoxoxoxox

UMFRAGE

3.-

1.– Umfrage bei Luxushotels und Hotels der Kategorie 1* A (Geschäftsleitung, Verwaltung, Gäste und Gewerbeflächen).

a) Gründe, aus denen es notwendig ist, auf eine Umfrage zurückzugreifen.
b) Erstellung von Fragebögen für die Umfrage.
c) Durchführung der Umfrage.
d) Klassifizierung der durch die Umfrage bereitgestellten Daten.
e) Analyse und Synthese der Klassifizierung.
f) Schlussfolgerungen aus der Synthese der Umfrage, die es ermöglichen, einige grundlegende Bedingungen des Projekts korrekt auszuwählen.

xoxoxoxoxoxoxoxoxox

4.-

GRÜNDE, WARUM EINE UMFRAGE NOTWENDIG IST

Eine Umfrage erwies sich als notwendig, um zentrale Aspekte für die Projektentwicklung verlässlich zu bestimmen.

1.– Klassifizierung der Gäste, die Luxushotels und Hotels der Kategorie 1ᵃ A besuchen.
2.– Interessen der Gäste in Bezug auf Einkäufe.
3.– Auswahl der Art von Geschäften, die eingerichtet werden sollen, und deren Betrieb.
4.– Gründe, warum der Gast in diesen Geschäften kaufen würde oder nicht.
5.– Kenntnisse, die die Gäste über das Land haben, und ihr Interesse, dieses kennenzulernen.
6.– Statistische Daten.

xoxoxoxoxoxoxoxoxox

LUXUSHOTEL

5.-

FRAGEBOGEN 1: - CARRERA HOTEL MANAGEMENT (Luxushotel).

1.– Wie hoch ist die Kapazität des Hotels?
2.– Wie ausgelastet ist das Hotel?
    Wann ist die Hauptsaison?
3.– Wie hoch ist der Anteil ausländischer Besucher?
    Welche Nationalität hat davon die Mehrheit?
4.– Wie hoch ist der Anteil männlicher und weiblicher Besucher?
5.– Wie hoch ist das Durchschnittsalter der Hotelgäste?
6.– Welcher dieser Gründe ist für Hotelbesucher am häufigsten?
    a) Tourismus
    b) Geschäftlich
    c) Reisen
    d) Chilenen aus den Provinzen.
7.– Welchem kulturellen und sozioökonomischen Status entsprechen die Hotelbesucher?
8.– Welche Arten von Geschäftsräumen gibt es im Hotel?
    Warum wurden diese Räume eingerichtet und nicht andere?
9.– Welche Geschäfte wurden zuvor eröffnet, existieren aber nicht mehr?
    Warum scheiterten sie?
10.–Welche Geschäftszweige würden bei Bedarf hinzugefügt?
11.–Welches Geschäft hat den höchsten Umsatz?
12.–Werden diese Geschäfte von Händlern betrieben?
13.–Wäre es ratsam, ein dezentrales Luxushotel zu eröffnen?

a) Tourismusbüro
b) Laden für den Verkauf von Schallplatten und Zeitschriften über
   nationale Kunst
c) Laden für den Verkauf von Herren-
   artikeln
d) Laden für den Verkauf von Damen-
   artikeln
e) Herrenfriseur
f) Damenfriseur
g) Blumengeschäft
h) Autovermietungsservice
i) Verkauf von (landes)typischen
   Objekten.

xoxoxoxoxoxoxoxoxox

ANTWORTEN FRAGEBOGEN NR.1
HOTELMANAGEMENT KARRIERE
(Luxushotel).-

1.– 720 Personen normalerweise
    400 Zimmer einschließlich der Suiten.
2.– Belegung: 73 %.
    Saison: Juni bis November und Februar.
3.– 85% Ausländer.
    40,2% Amerikaner
    4,9% Argentinier
    4,0% andere Südamerikaner (laut
    Statistik von 1967).
4.– 75% Männer
    25% Frauen
5.– Gruppenreisende, Durchschnittsalter 50
    Jahre.
    Einzelreisende, Durchschnittsalter 40
    Jahre.
6.– 40% Geschäftsreisen
    30% Tourismus
    15% Chilenen aus der Provinz
    15% Ausländer auf der Durchreise oder
    wegen Sport.
7.– Der amerikanische Tourist hat ein
    mittleres Niveau.
    Der Geschäftsmann und der Einzelrei-
    sende haben ein eher hohes Niveau.
8.– Damen- und Herrenfriseur
    Blumengeschäft
    Buch- und Zeitschriftenladen

Juweliergeschäft (H. Stern)
Geschäft für Woll- und Vikunja-Artikel
Geschäft für (landes)typische Gegenstände
Sattlerei
Parfümerie
Vertretungen von Fluggesellschaften
Diese Geschäfte wurden eingerichtet,
weil sie die notwendigsten sind.
9.– Eine Filiale der Bank Süd America.
    Sie scheiterte nicht, sondern die
    Regierung erteilte dem Hotel die
    Genehmigung, den Geldwechsel selbst
    vorzunehmen.
10.–Eine Apotheke.
11.–Ich könnte nicht sagen, warum sie nicht
    vom Hotel abhängig ist.
12.–Ja.

xoxoxoxoxoxoxoxoxox

FRAGEBOGEN FÜR GESCHÄFTSRÄUME
– HOTEL CARRERA

1.– Welche Produkte werden in diesem
    Geschäft verkauft, welches ist das
    meistverkaufte, und wovon hängt seine
    größte Nachfrage ab?
2.– Hält sich dieses Geschäft an die
    gesetzlich vorgeschriebenen Öffnungszei-
    ten oder hat es eine Sondergenehmigung,
    weil es sich in einem Hotel befindet?
3.– Zu welcher Uhrzeit ist der größte
    Publikumsandrang?
4.– Welche Art von Bedienung bevorzugt
    der Kunde?
    Wäre ein Selbstbedienungssystem
    sinnvoll?
5.– Welches Geschäft hat Ihrer Meinung
    nach den größten Umsatz?
6.– Welcher Prozentsatz der Personen, die
    nicht im Hotel untergebracht sind, kauft
    in diesem Geschäft ein?

xoxoxoxoxoxoxoxoxox

10

FRAGEBOGEN FÜR HOTEL-GESCHÄFTE
(ANTWORTEN)

Damenfriseursalon:

1.– Es werden folgende Dienstleistungen
    angeboten: Frisieren, Waschen, Färben,
    Maniküre und Enthaarung. Die
    häufigsten Dienstleistungen sind
    Waschen, Frisieren und Maniküre. Das
    hängt vom Zeitdruck des Kunden ab, der
    seine Zeit maximal nutzen möchte.
2.– Ja, da die 8 gesetzlichen Arbeitsstunden
    der Mitarbeiter eingehalten werden
    müssen. Die Öffnungszeiten sind von
    8:00 bis 20:00 Uhr, in 2 Schichten.
3.– Variiert.
4.– Der Kunde möchte so schnell wie
    möglich bedient werden, sobald er
    unser Geschäft betritt. – Nein.
5.– Dieses Geschäft, weil die Frau es als
    unverzichtbar betrachtet.
6.– Das Minimum.

Herrenfriseursalon:

1.– Es werden folgende Dienstleistungen
    angeboten: Haarschnitt, Waschen,
    Rasieren und Maniküre. Die häufigste
    Dienstleistung ist der Haarschnitt, da er
    eine unmittelbare Notwendigkeit ist.
2.– Ja, da die 8 gesetzlichen Arbeitsstunden
    der Mitarbeiter eingehalten werden
    müssen. Die Öffnungszeiten sind von
    8:00 bis 20:00 Uhr, in 2 Schichten.
3.– Morgens in den frühen Stunden und
    nach 19:00 Uhr.
4.– Schnelligkeit.

11

5.– Das kann ich nicht genau sagen
6.– 50% und 50%.

Blumengeschäft.-

1.– Es werden nur Blumen verkauft.

Die meistverkauften Blumen sind in der
Regel die der Saison.
2.– Nein, es hat eine Sondergenehmigung,
    da es sich im Hotel befindet.
3.– Die Öffnungszeiten sind von 9:00 bis
    20:00 Uhr.
4.– Es ist keine besondere Betreuung
    erforderlich, außer dass man dem
    Kunden die Namen der Blumensorten
    nennt. – Ja.
5.– Im Allgemeinen sind die Umsätze der
    Geschäfte ähnlich.
6.– Das Minimum, fast alle Käufer sind
    Hotelgäste.

Zeitschriften- und Buchladen:-

1.– Es werden folgende Produkte verkauft:
    amerikanische Zeitschriften, Tageszei-
    tungen, Modezeitschriften, Bücher,
    Taschenbücher und Bücher über den
    nationalen Tourismus. Die meistverkauf-
    ten Artikel sind Taschenbücher und das
    Magazin ‚Time'. Das hängt von den
    Vorlieben der Gäste ab, die mehrheitlich
    Nordamerikaner sind.
2.– Nein. Die Öffnungszeiten sind von 8:00
    bis 22:00 Uhr.
3.– Abhängig von der Besucherfrequenz des
    Hotels.
4.– Die Kunden bevorzugen völlige Freiheit
    bei der Auswahl.

Ja.-
5.– Dies, weil es Ihnen Information aller Art
    liefert.
6.– Das Minimum, aufgrund der Konkurrenz
    von außen.

Schmuck (H. Stern):-

1.– Es werden verkauft: Steine aus Brasilien
    und Lapislazuli, Onyx, Malachit,
    Atacamit sowie alle Arten von Schmuck.
    Das meistverkaufte Produkt ist der
    Lapislazuli, da er eine Exklusivität des
    Landes ist, zusammen mit der Werbung,
    die dafür gemacht wurde.
2.– Nein. Die Öffnungszeiten sind von 9:00
    bis 13:00 Uhr und von 16:00 bis 21:00
    Uhr.
3.– Es gibt keine bestimmte Stoßzeit.
4.– Die Kunden sehen lieber nur, aber sie
    lassen sich auch gern beraten.
    Nein.
5.– Das hier.
6.– Keine.

Geschäft für Woll- und Vikunja-Artikel

1.– Es werden verkauft: Sweater, Wollpullo-
    ver, Westen aus Vikunja, handgefertigte
    Gegenstände und Druckwaren. Das
    meistverkaufte Produkt ist der Poncho,
    weil er unter Ausländern sehr beliebt
    geworden ist.
2.– Nein. Die Öffnungszeiten sind von 9:00
    bis 20:00 Uhr (mit einer Stunde
    Mittagspause).
3.– Der Kundenandrang richtet sich
    ungefähr nach den An- und Abflügen
    der Flugzeuge.
4.– Die Kunden möchten die Freiheit haben,
    sich in Ruhe umzusehen.
    Nein.

5.– Es ist ziemlich ausgeglichen.
6.– Sehr wenige traditionelle Item-Shops.

Geschäft für (landes)typische Gegenstände

A) KUPFERLADEN:
1.– Es werden verkauft: Kupferartikel, Karten, Dekorationsgegenstände. Am meisten werden Karten verkauft, wegen ihres niedrigen Preises und ihrer allgemein beliebten Motive.
2.– Nein. Die Öffnungszeiten sind von 9:30 Uhr bis 21:00 Uhr.
3.– Es gibt keine festgelegte Stoßzeit.
4.– Der Kunde möchte nur im Fall von Unentschlossenheit mit der Verkäuferin sprechen.
Nein.-
5.– Dieses Geschäft, weil es exklusive Artikel anbietet.
6.– Etwa 25 % der Kunden gehören nicht zum Hotel.

B) KON-TIKI:
1.– Es werden verkauft: Accessoires für Herren- und Landhauskleidung, Keramik, Osterinsel-Objekte, Wein und Spirituosen. Die meistverkauften Artikel sind die Kleidungsaccessoires und die Osterinsel-Objekte. Der Grund dafür ist der touristische Aufschwung, den die Osterinsel in letzter Zeit erlebt hat.
2.– Nein. Die Öffnungszeiten sind von 9:00 Uhr bis 21:00 Uhr.
3.– Es ist schwer zu bestimmen, im Allgemeinen hängt es von der Ankunft und Abreise der Flugzeuge ab.

14

4.– Freiheit zu schauen und auszuwählen, wobei die Aufmerksamkeit des Verkäufers nur bei Informationsbedarf erforderlich ist.
Nein, aufgrund der Art der Kundschaft.
5.– Das Juweliergeschäft von H. Stern.
6.– Das Minimum.

Sattlerei:

1.– Es werden verkauft: Artikel aus Schweinsleder im Allgemeinen. Die meistverkauften Artikel sind Handtaschen und Sandalen, da sie notwendige Ergänzungen zur Kleidung sind.
2.– Nein. Die Öffnungszeiten sind von 9:00 Uhr bis 19:30 Uhr.
3.– Hauptsächlich, wenn die Hotelgäste ausgehen, zur Mittagszeit und nachmittags, wenn sie ins Hotel zurückkehren.
4.– Der Kunde bevorzugt es, sich selbst zu bedienen, und wendet sich nur an den Verkäufer, wenn er nicht findet, was er sucht.
Ja.–
5.– Dieses Geschäft.
6.– Etwa 50 %.

Parfümerie:

1.– Es werden verkauft: alle Arten von Toilettenartikeln für Damen und Herren.
2.– Nein. Die Öffnungszeiten sind von 9:00 Uhr bis 20:00 Uhr.

3.– Es gibt keine bevorzugte Uhrzeit für den Hotelkunden.
4.– Er bevorzugt es, dass man ihm Vorschläge macht.
Nein.
5.– Im Allgemeinen sind die Verkäufe in allen Geschäften gleichmäßig.
6.– Keine.

xoxoxoxoxoxoxoxoxox

FRAGEBOGEN NR. 2: KARRIERE IM HOTELMANAGEMENT
(Luxushotel)

1.– Es wird um allgemeine Informationen gebeten:
a) Der Tourist
b) Der Geschäftsmann
2.– Welche Informationen werden in Bezug auf Einkäufe angefragt:
a) Der Tourist
b) Der Geschäftsmann
3.– Wie lange dauert der maximale und minimale Aufenthalt in Santiago:
a) Der Tourist
b) Der Geschäftsmann
4.– Fragt der Durchreisende nach Informationen über Einkäufe?
5.– Würde der Chilene aus der Provinz im Hotel kaufen, wenn dieses Geschäftsräume hätte?

17

FRAGEBOGEN NR. 2: KARRIERE IM HOTELMANAGEMENT.-
(ANTWORTEN)

1.– a) Der Tourist: Geht in der Regel zu seinem Reisebüro, um herauszufinden, welche Orte er besuchen kann.
b) Der Geschäftsmann: Lässt sich ein Restaurant oder eine Nachttour durch Santiago empfehlen.
2.– a) Der Tourist: Fragt nach Informationen über: Kupfer, Wein und Pisco, Alpakawolle und Edelsteine.
b) Der Geschäftsmann: Tendiert zu Geschenken für die Familie und im Allgemeinen zu persönlichen Gebrauchsgegenständen.
3.– a) Der Tourist: Bleibt 2 bis 2,5 Tage.
b) Der Geschäftsmann: Bleibt 3 Tage bis 1 Monat.
4.– Sehr selten.
5.– Die große Mehrheit kauft außerhalb.

xoxoxoxoxoxoxoxoxox

FRAGEBOGEN Nr. 3: BEFRAGUNG DER HOTELGÄSTE HOTEL CARRERA

1.– Welche Nationalität haben Sie? Reisen Sie allein?
2.– Kommen Sie als Tourist oder aus anderen Gründen?
Falls aus anderen Gründen – haben Sie vor, ein wenig Tourismus zu machen?
3.– Wie lange beabsichtigen Sie, im Land zu bleiben?

4.– Welche anderen Orte möchten Sie außerhalb von Santiago besuchen?
5.– Was wussten Sie vor Ihrer Ankunft in Chile über das Land, das Sie besonders interessiert hat?
6.– Wenn Sie reisen, was kaufen Sie am liebsten?
7.– Haben Sie in Chile etwas gekauft? Falls ja, was?
8.– Was würden Sie besonders gerne in Chile kaufen?
9.– Wenn Ihr Hotel Geschäftsräume hätte, würden Sie Ihre Einkäufe lieber im Hotel oder außerhalb tätigen? Warum?
10.– Haben Sie den Wein und die Früchte unseres Landes probiert? Gefallen Ihnen unsere Blumen?
11.– Kennen Sie unsere Volksmusik? Würden Sie gerne Schallplatten davon mitnehmen?
12.– Kennen Sie unsere Angewandte Kunst? Was halten Sie davon?

xoxoxoxoxoxoxoxoxox

UNIVERSITY OF CHILE
FACULTY OF FINE ARTS
SCHOOL OF APPLIED ARTS

THESIS:

SHOPPING GALLERY IN A HOTEL

EUGENIA ROSENFELD V.
MARCELA COSIGNANI R.

SUPERVISOR:
SR. EDWIN HARAMOTO

1 9 6 8

CONTENTS

GENERAL INFORMATION.-

The Cordillera Hotel is currently being built in Santiago at 1752 Avenida Santa María, with capital from the San Cristóbal real estate company. It is part of a major tourist complex that will be developed in the area in the coming years and will include, among other things, tourist offices, offices of airlines operating in the country, an air terminal, and a large area with outdoor facilities and development works.

The hotel is a reinforced concrete building with luxurious amenities, six stories high, two basements, and a specially designed technical floor for building services.

It has 361 rooms, including 18 motels located on the first basement level.

The building is divided into four areas: A, B, C, and D. The last area is independent of the other three and forms the hotel's conference hall.

The ground floor comprises: entrance area, restaurant, coffee shop, bar, dining rooms, reception rooms, shopping arcade, hairdressing salon, offices, etc.

The basement floors house the storage rooms, technical facilities, staff dining rooms, etc.

The upper floors are reserved for the rooms.

The outdoor facilities include two swimming pools, gardens, etc.

Given all these facts, the importance of this hotel for Santiago is obvious, and that was one of the main reasons why we decided to develop our project in this hotel.

When we learned about the hotel project, it was not easy to choose the shopping arcade as the theme for our project, since, as mentioned above, there were interesting themes for development on both the ground floor and the upper floors.

Our choice was based mainly on the fact that, given the characteristics of the hotel and its future guests, it was the best way to promote tourism in our country by designing this shopping arcade in such a way that tourists could get to know Chile through its culture.

2.–

On the basis of this central idea, we considered it essential to conduct a survey that would provide us with reliable data in order to develop the project based on reality.

The results of the survey were valuable information that enabled us to approach the project itself. The outcome was a large integrated area, divided only by different levels in the fields of information, exhibition and sales, as well as the tourist office.

xoxoxoxoxoxoxoxoxoxox

SURVEY

3.–

1.– Survey of luxury hotels and hotels of category 1A (management, administration, guests, and commercial spaces).

a) Reasons why it is necessary to rely on a survey.
b) Preparation of questionnaires for the survey.
c) Conducting the survey.
d) Classification of the data provided by the survey.
e) Analysis and synthesis of the classification.
f) Conclusions from the synthesis of the survey, which make it possible to correctly select some fundamental conditions of the project.

xoxoxoxoxoxoxoxoxoxox

4.–

REASONS WHY A SURVEY IS NECESSARY

It is necessary to rely on a survey in order to correctly determine some fundamental aspects for the development of the project.

1.– Classification of guests visiting luxury hotels and hotels of category 1A.
2.– Interests of guests with regard to shopping.
3.– Selection of the type of shops to be established and their operation.
4.– Reasons why the guest would or would not buy in these shops.
5.– Knowledge that the guests have about the country and their interest in getting to know it.
6.– Statistical data.

xoxoxoxoxoxoxoxoxoxox

LUXURY HOTEL

5.–

QUESTIONNAIRE NO. 1 - CARRERA HOTEL MANAGEMENT
    (Luxury hotel)

1.– What is the hotel's capacity?
2.– How full is the hotel?
    When is the peak season?
3.– What percentage of guests
    are foreign visitors?
    Which nationality makes up
    the majority?
4.– What is the ratio of male to female guests?
5.– What is the average age of hotel guests?
6.– Which of these reasons is most
    common for hotel visitors?
    a) Tourism
    b) Business
    c) Travel
    d) Chileans from the provinces.
7.– What cultural and socio-economic
    status do hotel visitors have?
8.– What types of business premises
    are there in the hotel?
    Why were these premises set up
    and not others?
9.– Which businesses were opened
    previously but no longer exist?
    Why did they fail?
10.–Which lines of business would
    be added if necessary?
11.–Which business has the highest
    turnover?
12.–Are these businesses run by traders?
13.–Would it be advisable to open
    a decentralised luxury hotel?

a) Tourist office
b) Shop selling records and magazines about national art
c) Shop selling men's goods
d) Shop selling women's goods
e) Barbershop
f) Hairdresser's
g) Flower shop
h) Car rental service
i) Sale of typical (local) items.

xoxoxoxoxoxoxoxoxox

7

ANSWERS TO QUESTIONNAIRE NO. 1 HOTEL MANAGEMENT CAREER
(Luxury hotel)

1.– 720 people normally.
   400 rooms including suites.
2.– Occupancy: 73 %.
   Season: June to November and February.
3.– 85% Foreigners.
   40,2% Americans
   4,9% Argentinians
   4,0% other South Americans
   (according to 1967 statistics).
4.– 75% men
   25% women
5.– Group travelers, average age 50.
   Individual travelers, average age 40.
6.– 40% business trips
   30% tourism
   15% Chileans from the provinces
   15% Foreigners passing through or visiting for sports.
7.– American tourists are of average means. Businesspeople and individual travelers tend to be of higher means.
8.– Hairdressers for women and men
   Flower shop
   Book and magazine store

Jewelry store (H. Stern)
Store selling wool and vicuña items
Store selling typical (local) items
Saddlery
Perfume shop
Airline offices
These stores were set up because they are the most essential.
9.– A branch of Bank Süd America. It did not fail, but the government granted the hotel permission to exchange money itself.
10.– A pharmacy.
11.– I couldn't say why it is not dependent on the hotel.
12.– Yes.

xoxoxoxoxoxoxoxoxox

9

QUESTIONNAIRE FOR BUSINESS PREMISES – HOTEL CARRERA

1.– What products are sold in this store, which is the best-selling product, and what determines its highest demand?
2.– Does this store adhere to the legally prescribed opening hours, or does it have special permission because it is located in a hotel?
3.– At what time of day is the store busiest?
4.– What type of service do customers prefer? Would a self-service system be useful?
5.– In your opinion, which store has the highest turnover?
6.– What percentage of people who are not staying at the hotel shop in this store?

xoxoxoxoxoxoxoxoxox

10

QUESTIONNAIRE FOR HOTEL BUSINESSES (ANSWERS)

Women's hair salon:

1.– The following services are offered: hairdressing, washing, coloring, manicures, and hair removal. The most common services are washing, hairdressing, and manicures. This depends on the time constraints of the customer, who wants to make the most of their time.
2.– Yes, as the 8 legal working hours of the employees must be observed. The opening hours are from 8:00 a.m. to 8:00 p.m., in 2 shifts.
3.– Varies.
4.– The customer wants to be served as quickly as possible as soon as they enter our business. – No.
5.– This business, because the woman considers it essential.
6.– The minimum.

Men's hair salon:

1.– The following services are offered: haircuts, washing, shaving, and manicures. The most common service is haircuts, as they are an immediate necessity.
2.– Yes, as the employees' 8-hour legal working hours must be observed. Opening hours are from 8:00 a.m. to 8:00 p.m., in 2 shifts.
3.– Early in the morning and after 7:00 p.m.
4.– Speed.

11

5.– I can't say for sure.
6.– 50% and 50%.

Flower shop.-

1.– Only flowers are sold. The best-selling flowers are usually seasonal ones.
2.– No, it has a special permit because it is located in the hotel.
3.– Opening hours are from 9:00 a.m. to 8:00 p.m.

4.– No special customer service is required, except for telling customers the names of the different types of flowers. – Yes.
5.– In general, the stores' sales are similar.
6.– The minimum, as almost all buyers are hotel guests.

Magazine and book store:-

1.– The following products are sold: American magazines, daily newspapers, fashion magazines, books, paperbacks, and books on national tourism. The best-selling items are paperbacks and Time magazine. This depends on the preferences of the guests, most of whom are North American.
2.– No. Opening hours are from 8:00 a.m. to 10:00 p.m.
3.– Depends on the number of visitors to the hotel.
4.– Customers prefer complete freedom of choice.

Yes.-
5.– This is because it provides you with all kinds of information.
6.– The minimum, due to external competition.

Jewelry (H. Stern):-

1.– The following are sold: stones from Brazil and lapis lazuli, onyx, malachite, atacamite, and all kinds of jewelry. The best-selling product is lapis lazuli, as it is exclusive to the country, together with the advertising that has been done for it.
2.– No. The opening hours are from 9:00 a.m. to 1:00 p.m. and from 4:00 p.m. to 9:00 p.m.
3.– There is no specific rush hour.
4.– Customers prefer to just browse, but they also like to get advice.
   No.
5.– That one.
6.– None.

Store selling wool and vicuña items

1.– The following items are sold: sweaters, wool sweaters, vicuña vests, handmade items, and printed goods. The best-selling product is the poncho, as it has become very popular among foreigners.
2.– No. The opening hours are from 9:00 a.m. to 8:00 p.m. (with a one-hour lunch break).
3.– The rush of customers is roughly based on the arrivals and departures of the planes.
4.– Customers want the freedom to browse at their leisure.
   No.

13.–

5.– It's fairly balanced.
6.– Very few traditional item shops.

Geschäft für (landes)typische Gegenstände

A) COPPER SHOP:
1.– Items sold: Copper items, cards,
decorative items. Cards are the best
sellers due to their low price and
universally popular designs.
2.– No. Opening hours are from 9:30 a.m.
to 9:00 p.m.
3.– There is no specific peak time.
4.– Customers only want to speak to the
sales assistant when they are undecided.
No.-
5.– This store, because it offers exclusive
items.
6.– About 25% of customers are not hotel
guests.

B) KON-TIKI:
1.– Items sold: accessories for men's and
country clothing, ceramics, Easter Island
objects, wine, and spirits. The best-selling items are clothing accessories and
Easter Island objects. The reason for this
is the recent tourist boom that Easter
Island has experienced.
2.– No. The opening hours are from
9:00 a.m. to 9:00 p.m.
3.– It is difficult to determine; in general,
it depends on the arrival and departure
of the planes.

14.–

4.– Freedom to browse and choose, with
the salesperson's attention only required
when information is needed.
No, due to the nature of the clientele.
5.– The H. Stern jewelry store.
6.– The minimum.

Saddlery:

1.– Items sold: Pigskin leather goods in
general. The best-selling items are
handbags and sandals, as they are
essential accessories for clothing.
2.– No. Opening hours are from
9:00 a.m. to 7:30 p.m.
3.– Mainly when hotel guests go out, at
lunchtime and in the afternoon when
they return to the hotel.
4.– Customers prefer to serve themselves and
only approach the salesperson if they
cannot find what they are looking for.
Yes.–
5.– This store.
6.– About 50 %.

Perfumery:

1.– The following are sold: all kinds of
toiletries for women and men.
2.– No. Opening hours are from
9:00 a.m. to 8:00 p.m.

15.–

3.– There is no preferred time for hotel
customers.
4.– They prefer to be given suggestions.
No.
5.– In general, sales are consistent across
all stores.
6.– None.

xoxoxoxoxoxoxoxoxox

16.–

QUESTIONNAIRE NO. 2: CAREER IN
HOTEL MANAGEMENT
(Luxury hotel)

1.– General information is requested:
a) The tourist
b) The businessman
2.– What information is requested in
relation to shopping:
a) The tourist
b) The businessman
3.– What is the maximum and minimum
length of stay in Santiago:
a) The tourist
b) The businessman
4.– Does the traveler ask for information
about shopping?
5.– Would Chileans from the provinces
shop at the hotel if it had commercial
premises?

17.–

QUESTIONNAIRE NO. 2: CAREER IN
HOTEL MANAGEMENT.-
(ANSWERS)

1.– a) The tourist: Usually goes to their
travel agency to find out which places
they can visit.
b) The businessman: Asks for recom-
mendations for a restaurant or a night
tour of Santiago.
2.– a) The tourist: Asks for information
about: copper, wine and pisco, alpaca
wool, and gemstones.
b) The businessman: Tends to buy gifts
for the family and, in general,
personal items.
3.– a) The tourist: Stays 2 to 2.5 days.
b) The businessman: Stays 3 days
to 1 month.
4.– Very rarely.
5.– The vast majority buy outside.

xoxoxoxoxoxoxoxoxox

18.–

QUESTIONNAIRE NO. 3: SURVEY OF
HOTEL GUESTS HOTEL CARRERA

1.– What is your nationality? Are you
traveling alone?
2.– Are you here as a tourist or for other
reasons?
If for other reasons, do you plan
to do some sightseeing?
3.– How long do you plan to stay
in the country?
4.– What other places would you like
to visit outside of Santiago?

5.– Before arriving in Chile, what did you
know about the country that particularly
interested you?
6.– When you travel, what do you like
to buy most?
7.– Have you bought anything in Chile?
If so, what?
8.– What would you particularly like
to buy in Chile?
9.– If your hotel had business facilities,
would you prefer to do your shopping
at the hotel or outside? Why?
10.–Have you tried our country's wine
and fruit? Do you like our flowers?
11.–Are you familiar with our folk music?
Would you like to take some records
home with you?
12.–Are you familiar with our applied arts?
What do you think of them?

xoxoxoxoxoxoxoxoxox

Die Flucht der Familie Rosenfeld aus Breslau führte zur Destruktion des zuvor eng geknüpften persönlichen und sozialen Netzwerks der Familie. 1934 gelang es Frieda Rosenfeld als Erste, gemeinsam mit ihrem Ehemann Karl Krüger nach Chile auszuwandern. Wenige Monate später folgte der 16-jährige Ernst Rosenfeld mit nichts als einem großen Koffer auf einem Dampfer von Hamburg nach Valparaíso. Steffi Rosenfeld, die älteste Tochter, blieb mit ihrem Ehemann Jindrich Blau in Breslau zurück und wurde 1940 im slowakischen Vyhne interniert. Zwei Jahre später wurde sie in Auschwitz ermordet. Aus Vyhne schrieb Steffi ihrer Mutter einen Geburtstagsbrief, der Charlotte und Rudolf im sibirischen Exil erreichte. Im kargen und kalten Sibirien überlebten sie die restlichen Kriegsjahre, bis das Rote Kreuz die Familie schließlich im fernen Chile wieder zusammenführen konnte. Ein Koffer, ein Brief, zersplitterte Leben – und ein langer Weg zurück zu gemeinsamen Erinnerungen.

The Rosenfeld family's escape from Breslau tore apart the once close-knit fabric of their lives. In 1934, Frieda Rosenfeld was the first to emigrate to Chile with her husband, Karl Krüger. A few months later, 16-year-old Ernst Rosenfeld followed on a steamer from Hamburg to Valparaíso, with nothing but a large suitcase. Steffi Rosenfeld, the eldest daughter, remained in Breslau with her husband Jindrich Blau and was imprisoned in Vyhne, Slovakia in 1940. She would be murdered in Auschwitz two years later. From Vyhne, Steffi wrote her mother a letter for her birthday, which managed to reach Charlotte and Rudolf in forced exile in Siberia. There, in the vastness and the cold, Charlotte and Ernst survived the remaining years of the war until finally, the Red Cross were able to reunite the family in distant Chile. A suitcase, a letter, scattered lives—and a long road back to shared memories.

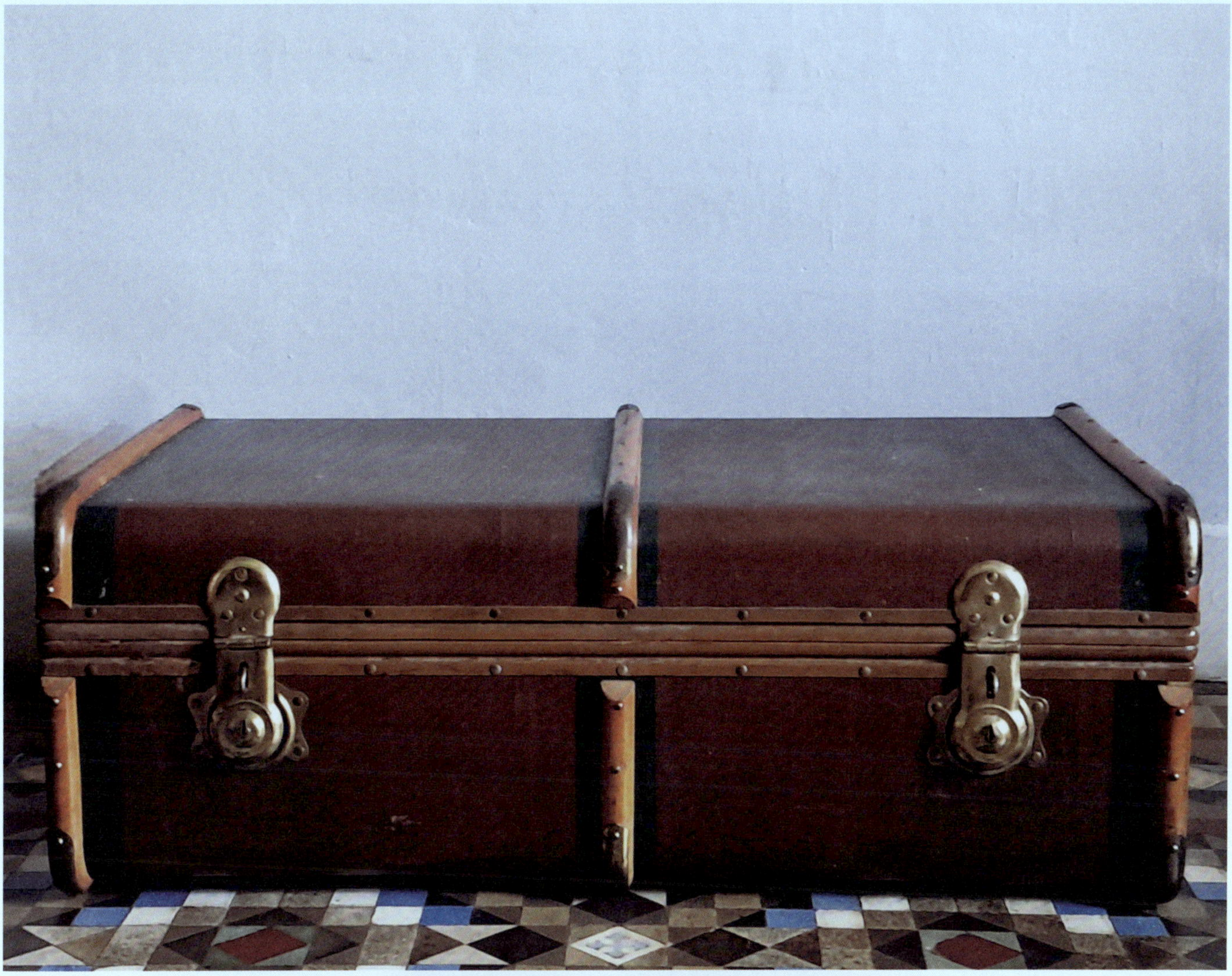

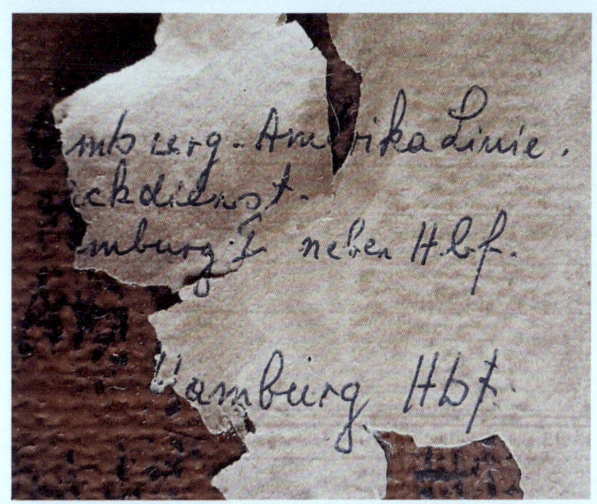

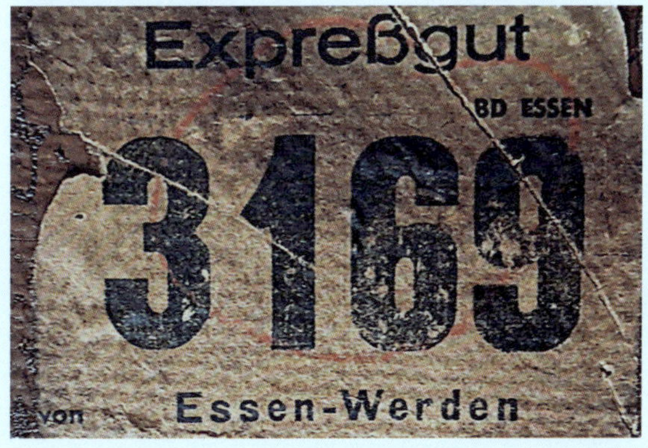

Beschrifteter Koffer – das Gepäck, mit dem Ernst Rosenfeld nach Chile auswanderte, Hamburg, 1935
Labelled suitcase—the luggage with which Ernst Rosenfeld emigrated to Chile from Hamburg, 1935

Brief von Steffi Rosenfeld an ihre Eltern Charlotte und Rudolf Rosenfeld, Vyhne, 8. November 1940
Letter from Steffi Rosenfeld to her parents Charlotte und Rudolf Rosenfeld, Vyhne, November 8, 1940

um 6 ½ bin ich aufgewacht, mein erster Gedanke, warst du
wie immer mein Muttisko. Ich nahm dein Bild zur Hand
habe mich tüchtig ausgeweint, und sprach zu dem Bild
die Worte, die ich Dir so gerne mündlich gesagt hätte.
Mein geliebtes Muttisko, alles wird bald nachgeholt
werden. Stelle dir vor, von Frau Krieger erhielt ich keine
Antwort. Der weiss ob sie noch dort ist. Viele Bekannte
von ihr, besuchen Tante Rosa. Ist Tante Ruth auf
gutem Fuss mit Hilde? Hilde soll sehr krank
sein. Ist bei Euch Onkel Schlomer? Seine Neffen sind
sehr nett und gut zu mir. Heinerle ist sehr brav, und
arbeitet fleissig. Wie gerne möchte er Euch, irgend etwas
machen. Muttisko ist dir nicht zu kalt? Hast du
warme Sachen? Was macht dein Hals? Muttisko
der Mantel gehört doch dir. Ich bin glücklich
wenn ich spüre, dass du ihn verwendest. Habe
dir schon von hier zwei Karten geschrieben.
Hoffentlich hast du selbe erhalten. Briefe
schreibe ich durch Tante Hantscha die so lieb
ist, und dir selbe weiterleitet. Von den
Kindern, habe ich leider keine Post von dort.
Macht Euch hoffentlich keine Gedanken und
keine Sorgen. Es wird ihnen gut gehen.

Alles Gute mein Muttele bitte mir. Mein lieber
Onkel bitte schreibe mir bald, was sei.
Ungezählte male geküsst von deiner Steffi
die sehr viel an Euch denkt.

Meine liebsten Eltern u. liebster Onkel!

Vor allem, liebste Mutti wünsche ich dir zu deinem l. Geburtstage das
Aller-Allerbeste mögen sich alle deine Wünsche erfüllen und
gebe uns der l. Gott dass wir uns alle bald wiedersehen
mögen. Bleibe, liebstes Muttilein gesund und tapfer wie bisher
und nicht verzagen, es wird alles noch gut werden. Was macht
lieber Vater? Warum schreibt er und Onkel Adolf nicht? Um
uns sorgt Euch bitte nicht, es geht uns gut nur fehlt Ihr uns
hier. Ist dort nicht zu kalt für Euch und habt ihr genug warme
Wäsche? Schreibet bitte bald, bleibt uns gesund und sind
herzlichst gegrüsst und geküsst von Eurem Heinerle.

Vyhne, d. 8.11.1940

Mein innig geliebtes Mutterle!
Heute an deinem Geburtstage denke ich mit grossem
Weh an dich, dass ich dir die Kunde nicht persönlich
überbringen konnte. Mutterlinko mein gutes Mutterlinko,
Gott erhalte dich mir und uns gesund, und gebe Dir Kraft,
uns alles zu überbrücken und, dass mich uns bald in
Freuden sehen sollen. Ich küsse Dir meine geliebte Mutter
tausendmal deinen guten und lieben Mund, der zu mir
die schönsten Worte sprach, und deine geliebten guten
Hände, die uns mir Güte gaben. Der Allmächtige halt
mir innig schützend, seine Hände über Dich! Nur nicht
verzagen Mutterlinko, kranke Dich nicht. Es wird noch
alles gut werden. Es gibt noch einen Gott im Himmel, der
uns wieder gemeinsam viel Freude spenden wird. Vergeb-
lich warte ich wieder auf einige Zeilen von Dir, und bin
ganz niedergedrückt, wenn ich keine Post von Dir erhalt.
Wenn ich nun wüsste, wie es Euch geht? Fort nur habe ich
diesen einen Gedanken. Habt Ihr auch alles? Es wird so
manches fehlen. Was macht Vatiherz und Onkel? Müssen
sie viel arbeiten? Lotti auch? Hoffentlich nicht! Um mich
und Jini mach Dir keine Sorgen. Es geht uns gut. Mir
Bange ist nur nach Euch. Heute früh…

… um 6 bin ich aufgewacht und meine ersten Gedanken
golten wir immer meinem Mutterlinko. Ich nahm dein Bild
zur Hand habe mich tüchtig ausgeweint und sprach zu
dem Bild die Worte, die ich Dir zu gerne mündlich gesagt
hätte. Nur Geduld Mütterle, alles wird bald nachhalten
werden. Stelle Dir vor, von Frau Krüger erhielt ich keine
Nachricht. Wer weiß ob sie noch dort ist. Viele Bekannte
von ihr, besuchen Tante Rosa. Ist Tante Ruth auf guten Fuß
mit Hilde? Hilde soll sehr krank sein. Ist bei Euch Onkel
Schloimer? Seine 4 Neffen sind sehr nett und gut zu uns.
Heinerle ist sehr brav und arbeitet fleissig. Wie gerne
möchte er Euch irgendetwas machen. Mutterlinko, ist Dir
nicht zu kalt? Hast Du warme Socken? Was macht Dein
Hals? Mutterlinko der Mantel gehört doch Dir! Ich wäre
glücklich, wenn ich wüsste, dass Du (..). Habe Dir direkt
von hier zwei Karten geschrieben. Hoffentlich hast du
selbe erhalten. Briefe schreibe ich durch Tante Hantscha,
die so lieb ist, und Dir selber unterzeichnet. Von den
Kindern habe ich leider keine Post. Von dort (...) keine
Sorgen. Es wird ihnen gut gehen. Alles Gute mein Mutterle, küsse mir lieben Vati und Onkel bitte. Schreibe mir
bald und sei unzählige male geküsst von Deine Steffi die
sehr viel an Euch denkt.

Meine liebsten Eltern u. liebster Onkel!

Vor allem, liebste Mutti, wünsche ich Dir zu deinem
Geburtstag das aller allerbeste, mögen sich all deine
Wünsche erfüllen und gebe uns der liebe Gott, dass wir
uns alle bald wiedersehen mögen. Bleibe, liebste Muttilein, gesund und tapfer wie bisher, es wird alles noch gut
werden. Was macht lieber Vater? Warum schreibt er und
Onkel Adolf nicht? Um uns sorgt Euch bitte nicht, es geht
uns gut, nur fehlt Ihr uns hier. Ist dort nicht zu kalt für
Euch und habt ihr genug warme Wäsche? Schreibt bitte
bald, bleibt uns gesund und sei herzlichst gegrüsst und
geküsst von Eurer Hannale

Vyhne, November 8, 1940

My dearly beloved little Mutterle!
Today, on your birthday, I think of you with great sorrow
because I couldn't deliver this message to you in person.
My dear good Mutterlinko, may God keep you healthy for
me and for us, and give you the strength to get through
everything, so that we may soon see each other again in
joy. I kiss you, my beloved mother, a thousand times—
your good and loving mouth that spoke the most beautiful
words to me, and your beloved good hands that gave me
kindness. May the Almighty hold His protective hands
closely over you! Don't despair, little mother, don't get
sick. Everything will still turn out well. There is a God in
Heaven who will give us much joy together again soon. I
wait in vain once more for some lines from you and
feel very down when I don't receive word from you. If
only I knew how you all are? I only have this one thought
in mind: Do you have everything you need? I'm sure
things are very hard. How are dear Father and Uncle? Do
they have to work a lot? And Lotti? I hope not! Don't
worry about me and Jini. We are well. My only worries
are for you all.

This morning I woke up at 6, and my first thoughts are
always of my dear Mutterlinko. I took your photo in my
hands, had a good cry and spoke to it the words I so
dearly wish I could say to you in person. Just be patient,
dear Mama—everything will soon come to pass. Can you
imagine, I haven't heard a word from Mrs. Krüger? Who
knows if she's even still there? Many of her acquaintances
visit Aunt Rosa. Is Aunt Ruth on good terms with Hilde?
I've heard Hilde is very ill. Is Uncle Schloimer with you?
His four nephews are very kind and good to us. Heimerle
is very well-behaved and works diligently. He would love
to do something for you. Mutterlinko, aren't you cold?
Do you have warm socks? How is your throat? That coat
truly belongs to you, Mama! I'd be happy if I knew that
you (...). I've written you two postcards directly from
here—I hope they've arrived. I write letters through Aunt
Hantscha, who is so kind and signs them for you herself.
Sadly, I haven't received any post from the children.
Don't worry about them, though—I'm sure they're doing
fine. All the best, my dear Mama. Please kiss dear Papa
and Uncle for me. Write to me soon and receive count-
less kisses from your Steffi, who thinks of you all so very
much.

My dearest parents and dearest Uncle!

Above all, dearest Mama, I wish you the very, very best
for your birthday. May all your wishes come true, and
may God grant us the joy of seeing each other again
soon. Stay healthy and brave, just as you always have
been—everything will turn out well in the end. How is
dear Father? Why hasn't he written, and why not Uncle
Adolf either? Please don't worry about us—we are doing
well. It's just that we miss you terribly here. Is it not too
cold for you there? Do you have enough warm clothes?
Please write back soon, stay healthy. With my warm-
est greetings and kisses, from your Hannale.

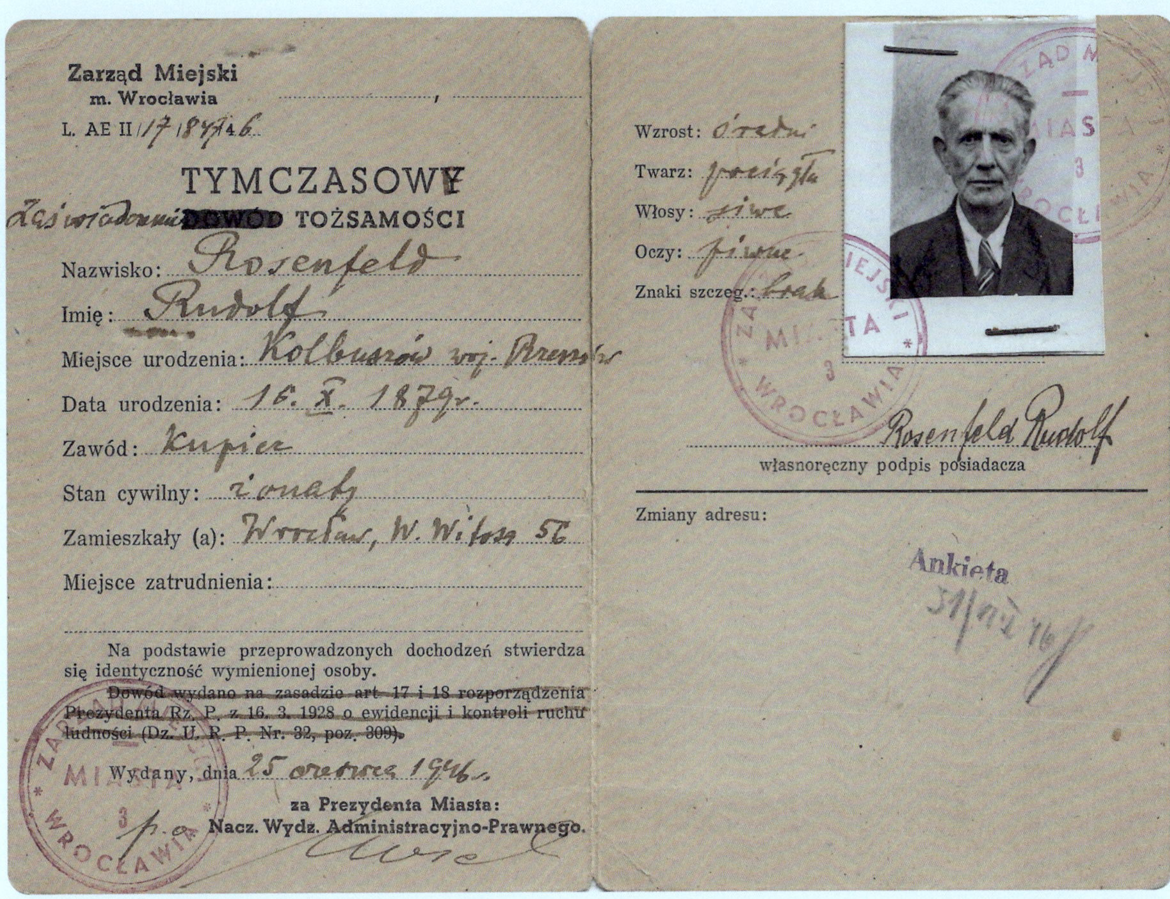

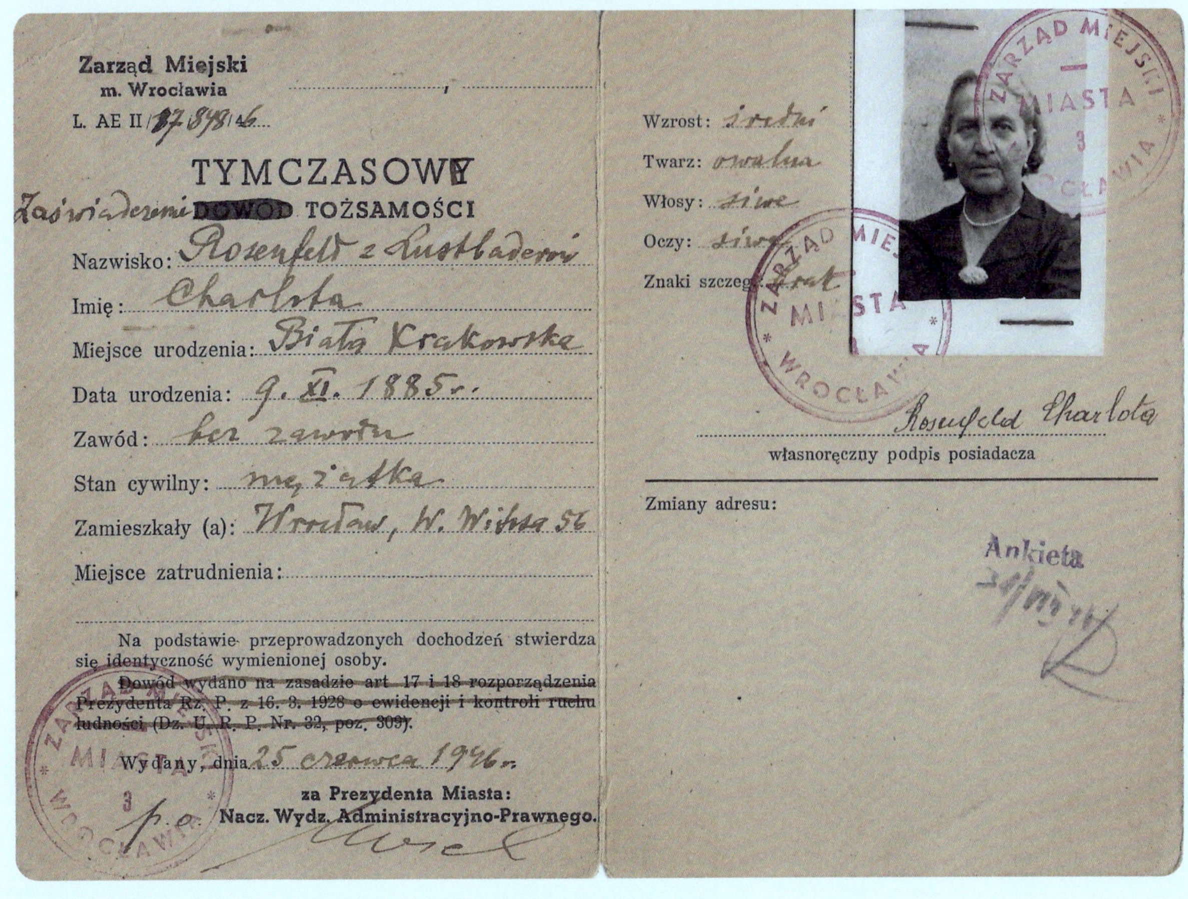

Polnische Pässe von Charlotte und Rudolf Rosenfeld, ausgestellt am 25. Oktober 1946
Charlotte and Rudolf Rosenfeld's Polish passports, issued on October 25, 1946

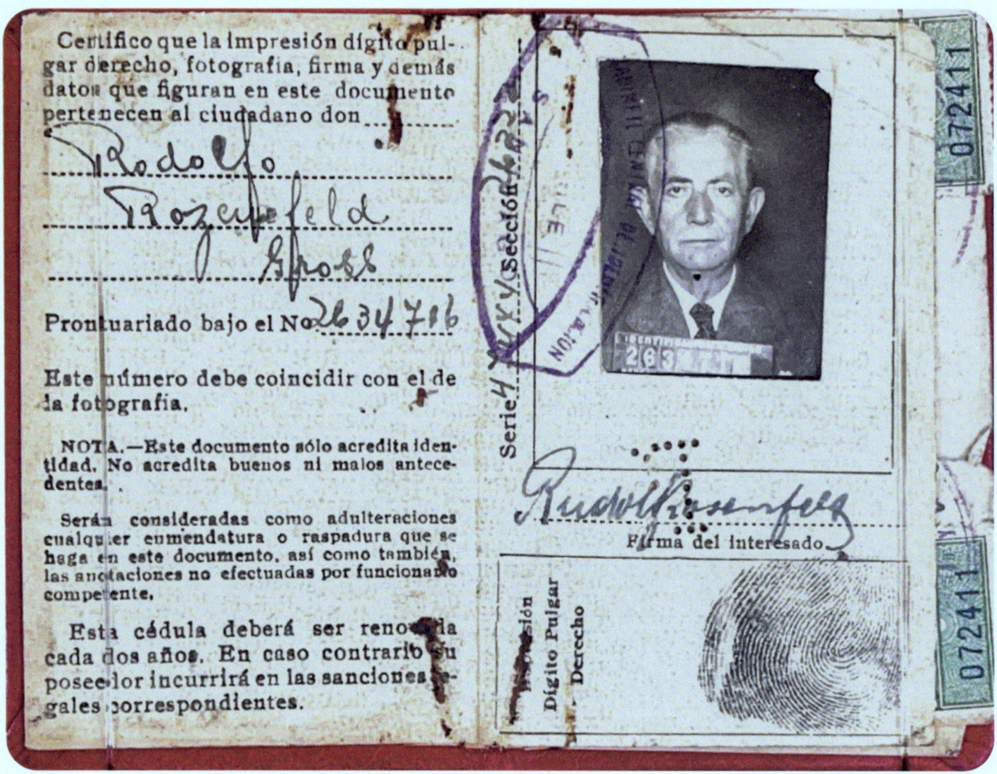

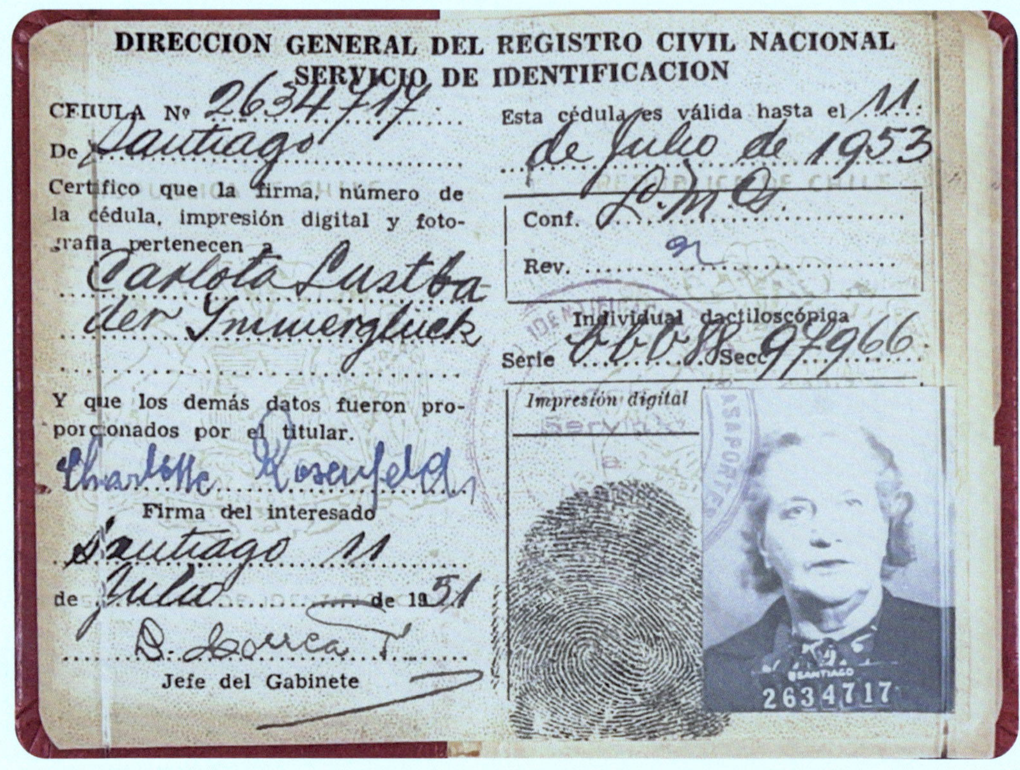

Chilenische Pässe von Charlotte und Rudolf Rosenfeld, ausgestellt am 11. Juli 1951
Polish passports of Charlotte and Rudolf Rosenfeld, issued on July 11, 1951

Jerusalem, 6. XI. 1956.

Meine liebes Mamimko, lieber Papa Rudolf!

Habe Euren l. Brief vom 18. 10. erhalten und danke Euch herzlichst dafür. Es tut mir sehr Leid, daß Papa Rudolf krank ist und so leidet, und man muß froh sein, daß es nur Hemorrhoiden sind. Ich weiß ganz genau, was für große Schmerzen dabei sind. Ich bin aber nicht damit einverstanden, daß Papa Rudolf sich nicht operieren lassen will. Ich habe ja auch ... der Operation Schmerzen gehabt ... möglichen ich war ... und

Nur über Steffi und Beini Blau. Blau wurde am 14. IX. 1939 in Prag eingesperrt, war bis zum 27. 11. 1939 in Pankraz und Karlsplatz eingesperrt, dann transportiert über Ostrau (3 Tage im Kreisgerichtsgefängnis) nach Sosnowitz im K.Z. Dort war er bis zum 6. 2. 1940 und von dort in das Arbeitslager Vyhne Slowakei, welches unter Hlinka-Garde war, unter deutscher Oberkontrolle (Wisliceny - SS-Offizier, bekannt). Im Lager arbeitete Beini an Bauarbeiten und Schneiderwerkstatt. Wurde am 10. III. 1942 von Vyhne nach Auschwitz transportiert. Keiner von diesem Transport ist zurückgekehrt.

Steffi kam nach Vyhne im Juni 1940 ins Lager aus Prag, da man hoffte, daß es aus dem Lager Vyhne eine Möglichkeit ...

Brief von Fritz Gross (Steffis Mann aus erster Ehe 1933), Jerusalem, 6. November 1956
Letter from Fritz Gross (Steffi's husband from her first marriage in 1933), Jerusalem, November 6, 1956

Bezirksamt
für Wiedergutmachung

Az.: 19 164
Ohne Angabe des Az. ist die Bearbeitung von
Eingängen nicht möglich.

Abt. II/P 1-c Pr/Wg.

An die Erben nach

Rudolf Rosenfeld,
geb. am 16.1o.1879
verstorben am 2.11.1956

z.Hd. von
Frau Charlotte Rosenfeld,
geborene Lustbader,
geb. am 8.11.1885

Santiago de Chile
Adelaida de la Petra 236o.

6500 Mainz, den 28. März 1966
Umbach 4
Fernsprecher: (06131) 240 40 / 324 04
Sprechtag Donnerstag 8-12 u. 14-17 Uhr

Antrag vom 12.5.1955 und
16.2.196o

Lfd.Nr. 12 871/II/A

Zustellungsbevollmächtigte:

Herrn

Walter V o g t
Rechtsbeistand

62 Wiesbaden-Sonnenberg
Dudenstrasse 16

E n t s c h e i d u n g :
- - - - - - - - - - - - -

Der Antrag des Herrn Rudolf Rosenfeld, geboren am 16.1o.1879,
inzwischen verstorben am 2.11.1956 in Santiago de Chile, wohnhaft
gewesen in Santiago de Chile,
auf Leistung einer Entschädigung für

Schaden an F r e i h e i t

wird a b g e l e h n t .

T a t b e s t a n d :
- - - - - - - - - - -

Die aus Lipnik bei Bielitz, damals zu Österreich-Ungarn gehörend,
und aus Kolbuszowa (Galizien) stammenden Eheleute Rudolf Rosenfeld
und Charlotte Rosenfeld, geborene Lustbader wurden infolge der
Abtretung Galiziens und des Gebietes um Bielitz an Polen nach dem
ersten Weltkrieg polnische Staatsangehörige. Seit 1922 lebten sie
in Breslau. Von dort wurden sie im Herbst 1938 als Juden mit
polnischer Staatsangehörigkeit nach Polen ausgewiesen. Bei Aus-
bruch des 2. Weltkrieges flüchteten die Eheleute aus dem west-
lichen Polen nach Lemberg. Von dort wurden sie von den zwischen-
zeitlich eingetroffenen sowjetischen Behörden zunächst interniert
und später nach Sibirien verbracht. Nach dem Kriege wanderte sie
nach Chile aus. Der Erblasser verstarb am 2.11.1956 in Santiago de
Chile, während seine Witwe heute noch dort wohnhaft ist.

-2-

Mit vorliegendem Antrag begehrt Frau Charlotte Rosenfeld Entschädigung für Schaden an Freiheit für die Zeit der Internierung in Sibirien (Jahtorosk, Bezirk Omsk) von 1940 bis 1946 als Erbin nach ihrem verstorbenen Ehemann Rudolf Rosenfeld.

Entscheidungsgründe:

Der Antrag wurde form- und fristgerecht am 12.5.1955 auf Grund des Bundesergänzungsgesetzes vom 18.9.1953 gestellt. Da über den Antrag noch nicht entschieden wurde, ist gemäss § 234 Absatz 3 BEG nach dem Bundesentschädigungsgesetz in der Fassung vom 29.6. 1956 in Verbindung mit dem 2. Gesetz zur Änderung des Bundesentschädigungsgesetzes (BEG-SG) vom 14.9.1965 nunmehr zu entscheiden.

Die Zuständigkeit des Landes Rheinland-Pfalz - hier des Bezirksamtes für Wiedergutmachung Mainz - wurde bereits mit Feststellungsbescheid E vom 22.10.1959 anerkannt.

Der geltend gemachte Anspruch konnte jedoch keinen Erfolg haben, da die erforderlichen Voraussetzungen der §§ 1, 43 ff BEG hinsichtlich des Schadens an Freiheit in der Person des Erblassers nicht gegeben sind. Bei der Internierung des Erblassers mit polnischer Staatsangehörigkeit in Sibirien handelte es sich nicht um nat.soz. Gewaltmaßnahmen i.S. des § 2 BEG, sondern ausschlisslich um rein kriegsbedingte im Rahmen der völkerrechtlichen Bestimmungen getroffene Sicherheitsmaßnahmen der souveränen russischen Behörden. Die Internierung seitens der russischen Behörden erfolgte somit auch nicht unter Missachtung rechtsstaatlicher Grundsätze, wie auch die russischen Behörden von der nat.soz. deutschen Regierung zu diesen Maßnahmen nicht veranlasst worden sind. Der Antrag war daher aus den dargelegten Gründen - wie geschehen - abzulehnen.

Im Auftrage:

gez: S c h e r f f i u s

L.S. Beglaubigt:

(Proft)

Reg.-Angest.

<u>S a c h v e r h a l t</u>

Mit Schreiben vom 14.8.1956 (Bl. 53) werden Auswanderungskosten
in Höhe von US-$ 850.-- geltend gemacht, die den Eltern des
Anspruchsberechtigten durch die erzwungene Auswanderung entstanden
sind.

Es wird vorgetragen, daß die Eltern des Anspruchsberechtigten
im Zuge der politischen Entwicklung im Jahre 1938 aus Breslau nach
Polen ausgewiesen wurden und von dort nach Kriegsausbruch durch
die russischen Behörden aus Lemberg nach Sibirien deportiert
wurden. Nach ihrer Repartierung seien sie im Jahre 1945 alsdann
über Breslau nach Chile ausgewandert.

<u>Entscheidungsgründe</u>

Mit Feststellungsbescheid 310/II/7a 1 lfd. Nr. 2907/II/7K des
BfW Mainz vom 5.12.1959 wurden die Anspruchsvoraussetzungen gem.
den §§ 1 und 4 Abs. 1 Ziff. 1c BEG sowie die Zuständigkeit des
Landes Rheinland Pfalz gem. § 185 Abs. 2 Ziff. 3d BEG bereits fest-
gestellt (Bl. 12 der Akte 276 699).

Ausschließungsgründe oder Gründe, die einen Anspruch auf Entschä_
digung verwirken könnten (§ 6 und 7 BEG) sind nicht bekannt.

Die vorliegenden Unterlagen (Bl. 52 & 79) bestätigen den Sachvor-
trag.

Durch die Bescheinigung der "CISROCO Comite Israelita de Socorros"
(Bl. 52 der Akte 19 164) ist glaubhaft nachgewiesen, daß für die
Eltern des Anspruchsberechtigten Auswanderungskosten verauslagt
wurden, (Bl. 52 der Akte 19 164), die der Anspruchsberechtigte
auch zurückgezahlt hat.

Der auf den § 57 BEG gestützte Antrag ist somit begründet.

Gem. § 57 Abs. 2 BEG sind Aufwendungen, die in fremder Währung entstanden sind zum Tageskurs dieser Währung im Zeitpunkt der Entschei-
dung zu gewähren.

Die Auswanderungskosten einschließlich aller Nebenkosten, die den

Eltern des Anspruchsberechtigten durch die erzwungene
Auswanderung entstanden sind betrugen US-$ 850
und ergeben bei einem Umrechungskurs von DM 4,175 = DM 3 548.75
============

Die Zahlung der mit diesem Bescheid bewilligten
Entschädigungssumme wird nach Zustellung des Bescheides
fällig.

Mainz, den   30.4.1960   Im Auftrag
II W 3 s Jo/Fou.   gez. Reif

                                               Reg. Angest.

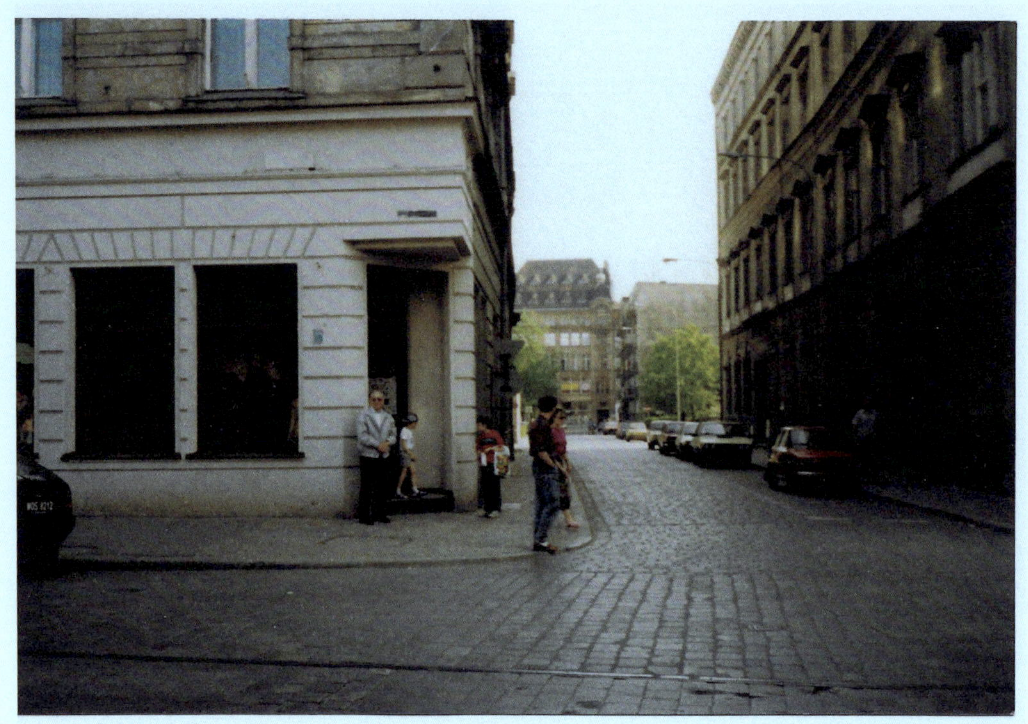

Ernst Rosenfeld vor dem Gebäude des ehemaligen Hotel Rom, Breslau, 1992
Ernst Rosenfeld outside the building of the former Hotel Rom, Wrocław, 1992

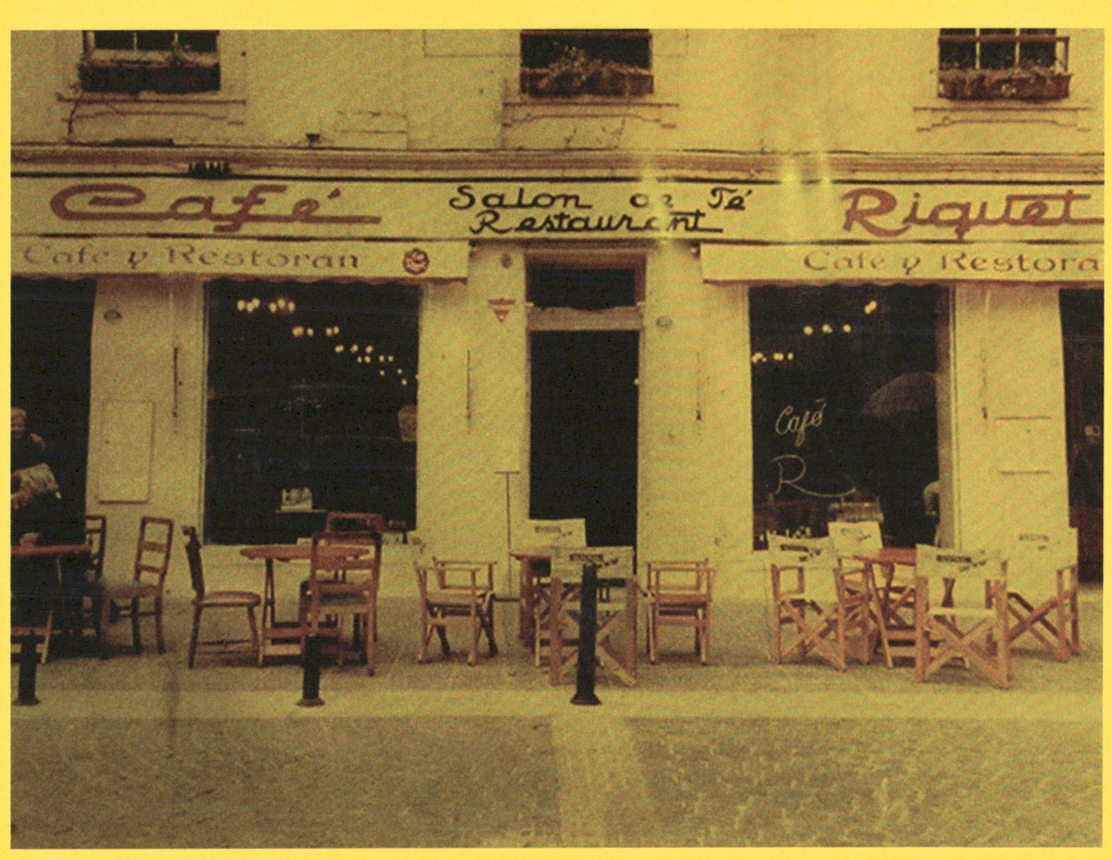
Café
Salon de Té
Restaurant
Riquet
Café y Restoran
Café y Restora
Café
R

Die Zusammenführung der Familie Rosenfeld in Chile im Jahr 1946 markiert keinen bloßen biografischen Endpunkt, sondern einen Moment der Neufindung: Nach Jahren der Vertreibung, Trennung und des Verlusts begannen sie, sich aus den Trümmern der europäischen Katastrophe, ein neues Leben aufzubauen. Was dabei entstand, war nicht nur eine Art zu überleben, sondern eine neue Lebensweise, die die Wärme und Traditionen einer verlorenen Welt bewahrte und gleichzeitig Raum für Neues ließ.

Die Ankunft Ernst Rosenfelds 1935 in Chile kann als Beginn einer deutsch-jüdischen Exilerfahrung in Lateinamerika betrachtet werden, die von Ungewissheit und Fremdheit geprägt war. Die Eltern, Rudolf und Charlotte, die nach der erzwungenen Verbannung nach Sibirien schließlich nach Santiago gelangten, fügten sich in diese Exilgeschichte ein. Ernsts Verbindung mit Arsenia Villarreal, einer Frau chilenisch-spanischer Herkunft, führte nicht nur zur Annäherung an ein Land, sondern auch an eine neue Kulinarik. Das Essen wurde zum Zentrum des familiären Zusammenlebens. Das Café Villa Real, das beide über vier Jahrzehnte führten, kann in diesem Sinne weniger als kommerzielles Unternehmen, sondern vielmehr als kulturelles Archiv betrachtet werden. Hier verschränken sich ökonomische Notwendigkeit, familiäre Fürsorge und erinnerungskulturelle Praxis.

Die Grundlagen dieses neuen Lebens waren bescheiden, aber fundamental: Fürsorge, Arbeit und Kontinuität. Arsenia arbeitete unermüdlich in der Küche, während Ernst die Buchhaltung übernahm und das Eis herstellte. Die Rezepte, die Charlotte einst im Hotel Rom in Breslau zubereitet hatte – Sahnetorten, Suppen, Eintöpfe – tauchten nun in diesem Café in Santiago wieder auf, wurden durch Arsenias Hände angepasst und für den chilenischen Geschmack aufbereitet. In diesem Verflechten von Traditionen verschmolzen deutsche und chilenische Identitäten. Drei Generationen wuchsen mit denselben Gerichten auf, die von der Erinnerung an die alte Heimat geprägt waren.

Ernst Rosenfeld war auch außerhalb des Cafés im öffentlichen Leben aktiv. Er war Mitbegründer der Sociedad Pro-Ayuda al Niño Lisiado, die später unter dem Namen Teletón bekannt wurde. Diese Rehabilitationsinitiative für Kinder mit Behinderungen ist in ganz Chile von großer Bedeutung.

Ernst Rosenfeld war ein ruhiger Mann, in seiner Politik zurückhaltend, aber standhaft in seinen Werten. Er war auch ein Dokumentarist des Familienlebens. Mit seiner 16-mm-Kamera, seinem Belichtungsmesser sowie einer Sammlung von Polaroids und Dias schuf er ein visuelles Archiv. Der Hang zur Archivierung findet sich später auch bei seiner Tochter, der Künstlerin Lotty Rosenfeld, wieder. Die Heimvideos von Ernst Rosenfeld sind geprägt von Freude und heilsamen Geschehnissen. Sie zeigen Geburtstagsfeiern mit riesigen Sahnetorten, lachende und spielende Kinder in sonnendurchfluteten Gärten, Wochenendausflüge ins Schwimmbad und Momente ruhiger Häuslichkeit. All dies zeugt von einem tiefen Wunsch nach Stabilität nach den Umwälzungen des Exils. In ihrer Einfachheit sind Ernsts Filme über seine Familie zutiefst bewegend – ein Akt der Rückeroberung der Normalität, der nicht das Spektakuläre, sondern den sanften Rhythmus eines Lebens dokumentiert, das fernab vom Trauma Europas neu aufgebaut wurde.

In 1946, after years of displacement, separation, and loss, the Rosenfeld family was reunited in Chile. From the ashes of the war, they began to build a new life—quietly resilient, deeply nurturing, and shaped by memory. What emerged was not just a way of surviving but a new way of living, one that preserved the warmth and traditions of a lost world while leaving space for something new to grow.

Ernst Rosenfeld had arrived in Chile in 1935, one of the early German-Jewish refugees in Latin America. After the war and having endured forced exile in Siberia, his parents, Rudolf and Charlotte, joined him in Santiago. Ernst's wife, Arsenia Villarreal—a woman of Chilean and Spanish descent from Valparaíso—welcomed him into a country, and into a kitchen, where food would become the family's anchor. Together, Ernst and Arsenia opened Café Villa Real, a place of gathering, nourishment, and cultural transmission. The café, which they would run for over 40 years, was both a livelihood and a living archive.

The foundations of this new life were modest but profound: care, work, and continuity. Arsenia worked tirelessly in the kitchen, while Ernst managed the books and made the ice cream. The recipes Charlotte had once prepared at the Hotel Rom in Breslau—whipped cream cakes, soups, stews—now reappeared in this Santiagan café, adapted through Arsenia's hands and re-rooted in Chilean soil. In this interweaving of traditions, German and Chilean identities merged. Three generations were raised on cream and memory; food became a language of belonging.

Outside of the café, Ernst was active in public life. He co-founded the Sociedad Pro-Ayuda al Niño Lisiado, later known as Teletón, a major rehabilitation initiative for children with disabilities across Chile. He was a quiet man, discreet in his politics, but steadfast in his values. His belief in social care—likely shaped by his own experiences—remained constant.

Ernst was also a documentarian of family life. With his 16mm camera, light meter, and a collection of Polaroids and slides, he created a visual record that paralleled the archival instinct of his daughter, artist Lotty Rosenfeld. In these home movies, we find joy and recovery. These reels capture birthday parties with towering cream cakes, children laughing and playing in sun-drenched gardens, weekend outings to the swimming pool, and moments of quiet domesticity that speak to a deep desire for stability after the upheaval of exile. In their simplicity, Ernst's films of his family are profoundly moving—an act of reclaiming normalcy—documenting the gentle rhythms of a life rebuilt far from the trauma of Europe.

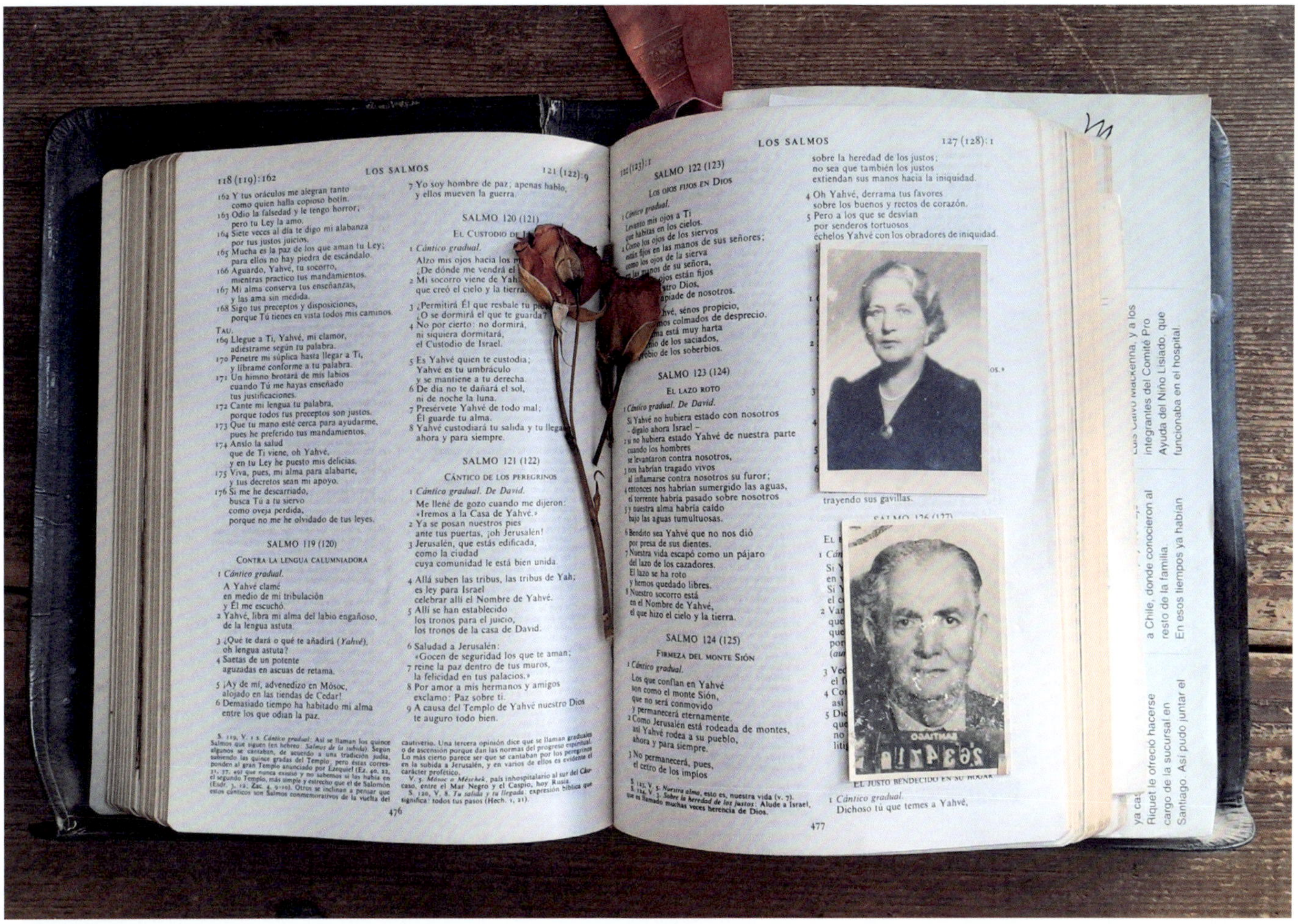

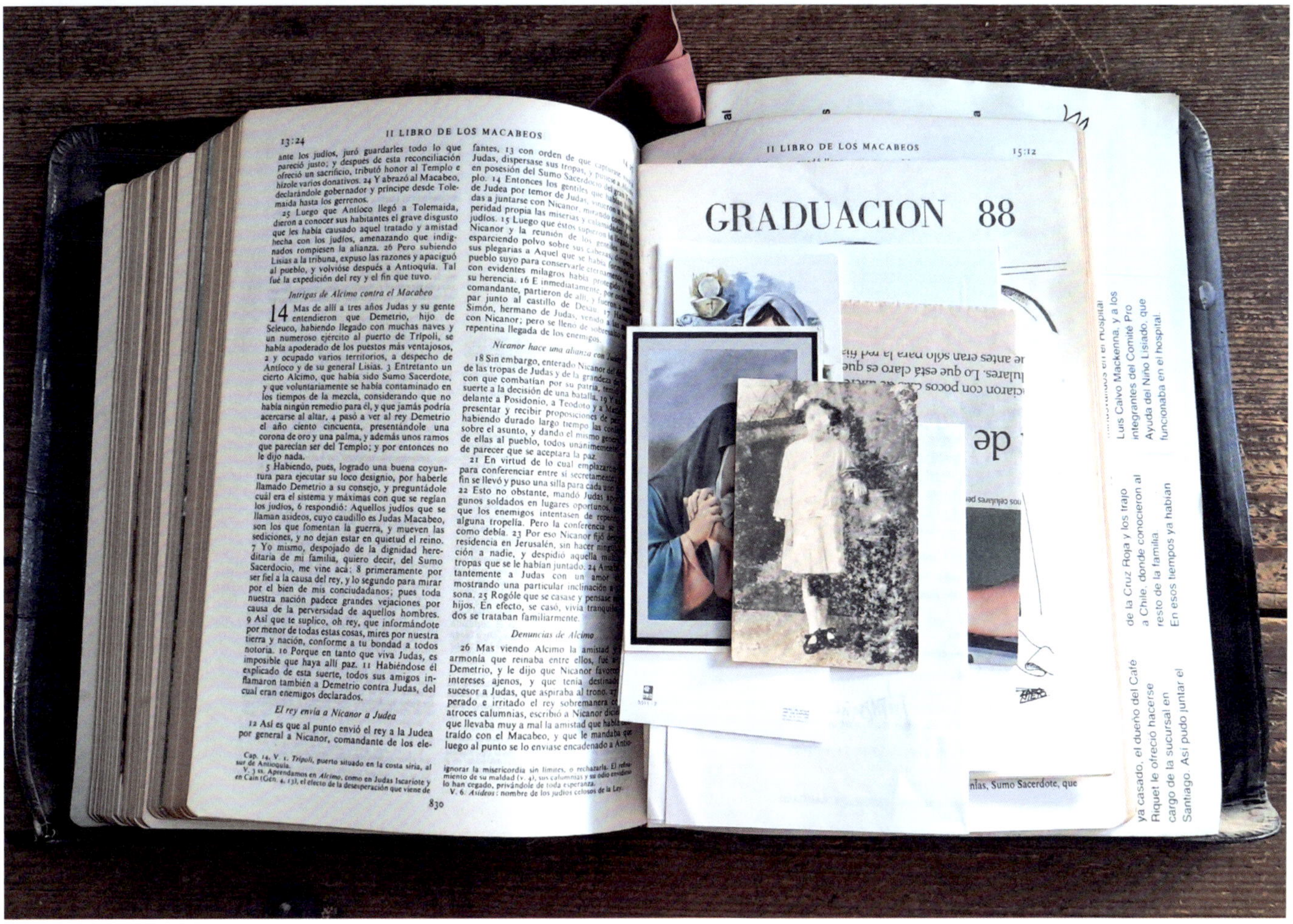

Familienbibel mit Passfotos von Charlotte und Rudolf Rosenfeld, ca 1950 / Foto von Arsenia Villarreal, 1924
A family Bible with portraits of Charlotte and Rudolf Rosenfeld, ca 1950 / photo of Arsenia Villarreal, 1924

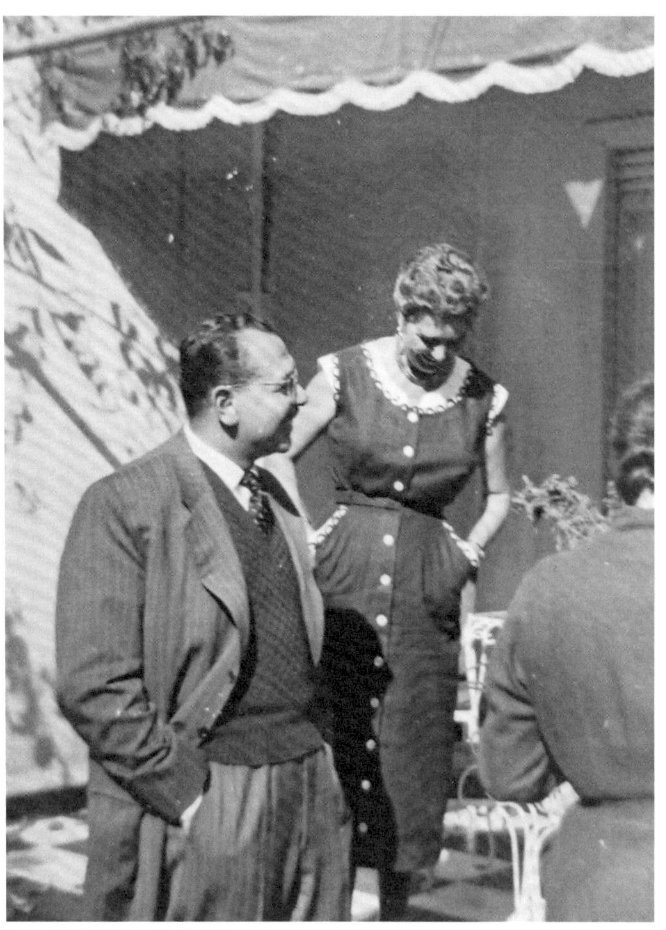

Ernst & Frida Rosenfeld, 1948

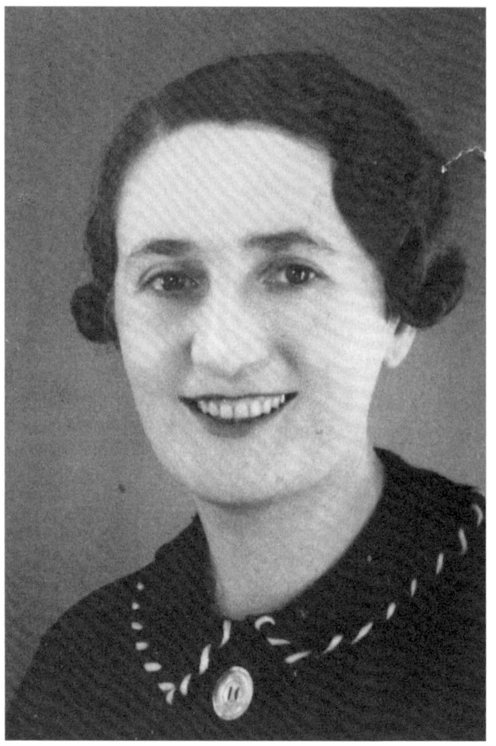

Steffi Rosenfeld, 1930

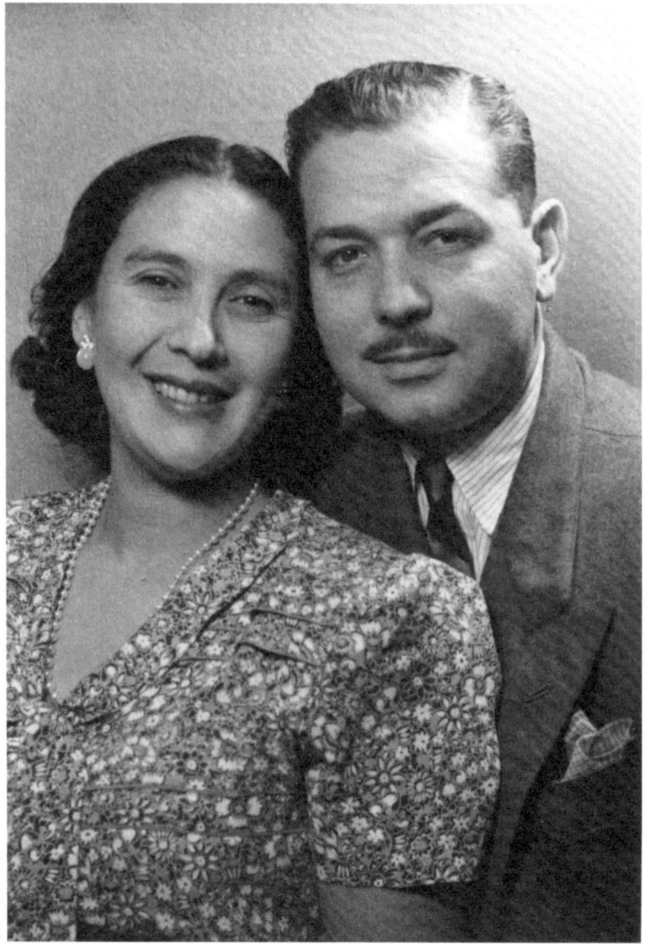

Arsenia Villarreal & Ernst Rosenfeld, 1947

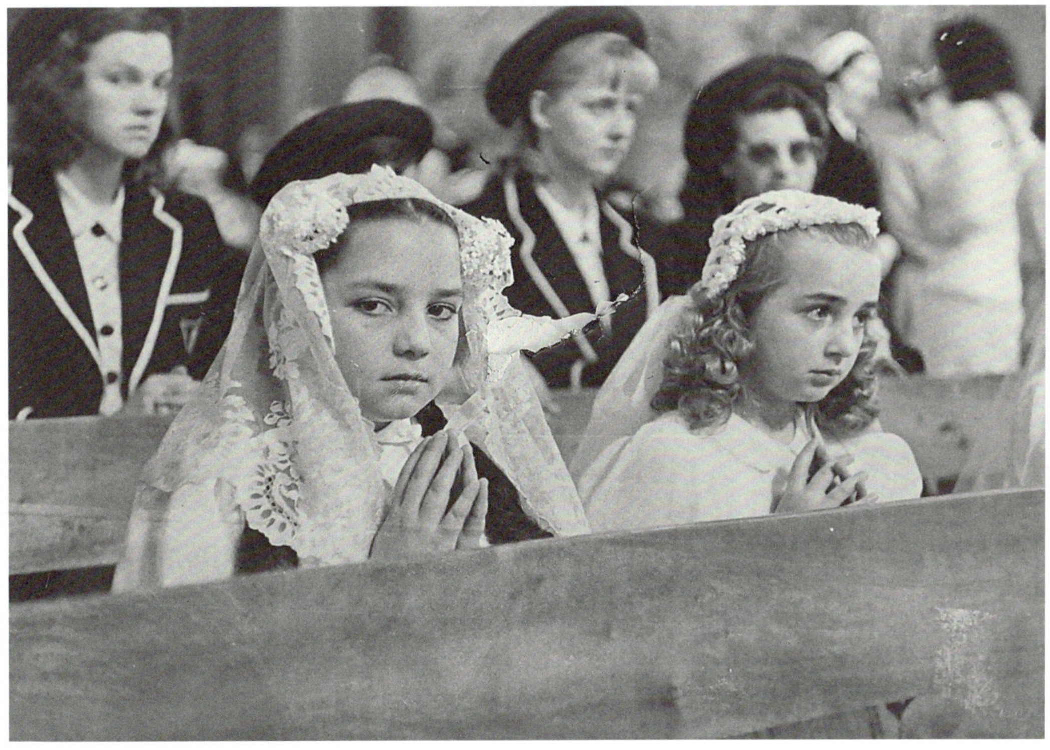

Lotty Rosenfeld, 1953

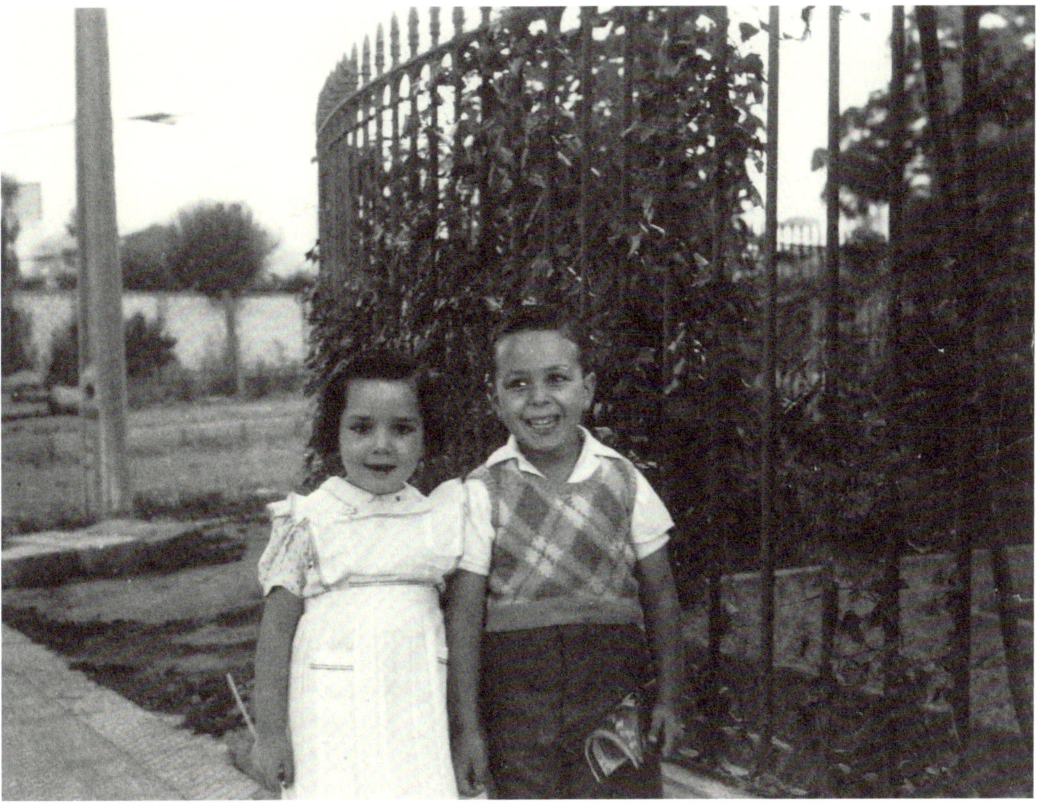

Lotty & Rodolfo Rosenfeld, 1946

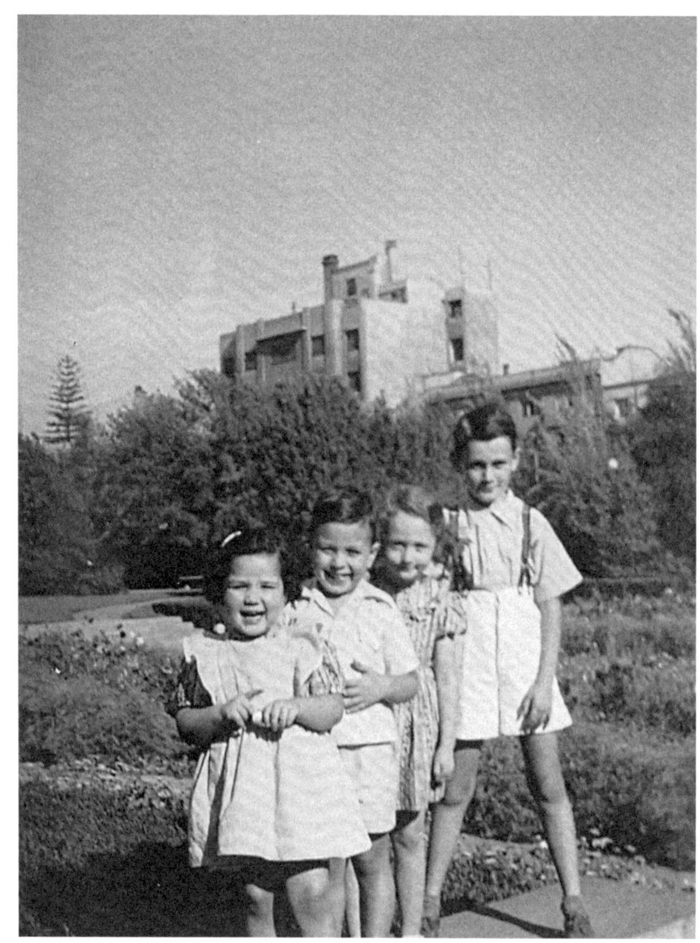

Lotty & Rodolfo Rosenfeld, Maria Isabel & Carlos Krüger, 1947

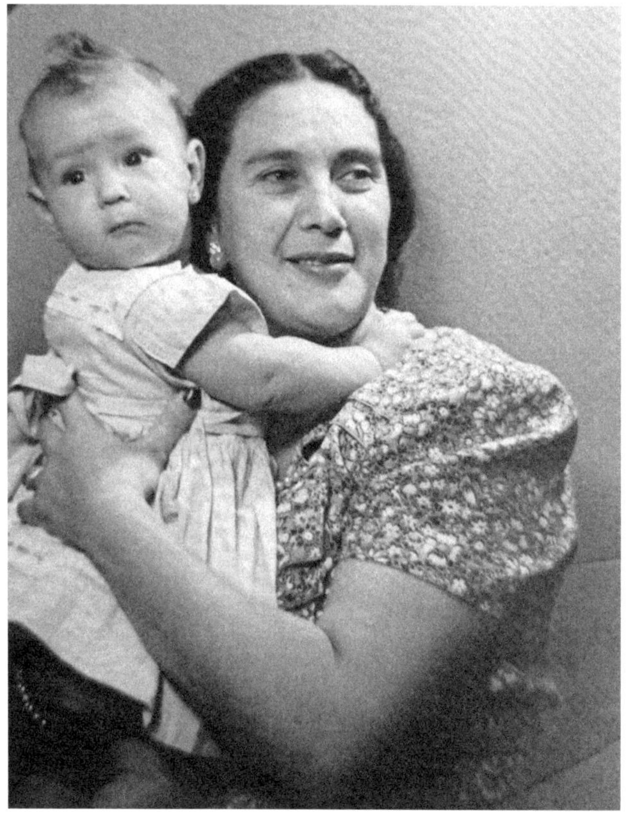

Arsenia Villarreal & Patricia Rosenfeld, 1947

Es ist Sommer 1945, ich bin zweieinhalb Jahre alt und lebe mit meiner Schwester Patty, meinem Bruder Rudy, meinen Eltern sowie zwei Kindermädchen, Eufemia del Carmen und Gudelia, in einer großen Wohnung in Providencia in der Orrego Luco. Bei uns wohnt auch Miss Nieves, die sich um meine Schwester kümmert.

Es ist Nacht und ich bin aufgewacht, es ist dunkel. Ich will meine Mutter nicht rufen, ich rufe sie nicht. Ich klettere aus dem Kinderbett, schwinge erst das eine Bein und dann das andere über die Gitterstäbe, drehe mich mühsam um, halte mich mit beiden Händen fest und lasse mich fallen. Das ist das erste Mal, dass ich das mache.

Ich gehe den Flur entlang zum Badezimmer. Aus dem Schlafzimmer meiner Eltern dringt ein schwaches Licht. Im Badezimmer versuche ich, auf die Toilette zu klettern, aber sie ist zu hoch für mich. Ich schaffe es nicht. Ich hole einen kleinen Hocker und stelle mich darauf. Jetzt kann ich mich hinsetzen. Ich höre, wie meine Mutter ganz leise zu meinem Vater sagt: „Ernesto, hörst du die Kleine? Sie ist aus ihrem Bettchen geklettert und pinkelt ganz alleine. Sie ist so ein kleiner Schelm ..." Ich erinnere mich, dass mich das glücklich gemacht hat, aber ich tat so, als hätte ich nichts gehört und ... an mehr erinnere ich mich nicht.

Es ist Winter, weil wir Mäntel tragen und ein kalter Wind weht. Alles sieht grau aus. Es ist das Jahr 1946, ich bin 3 Jahre alt und wir sind im Hafen von Valparaíso. Mein Vater, meine Mutter, mein Bruder Rudy und ich stehen auf dem Kai ganz in der Nähe eines riesigen Schiffes voller Geflüchteter. Ich schaue zu ihm hinauf und verstehe nicht, warum die Leute schreien, alle schreien, das Schiff ist gigantisch, unten schmal und nach oben hin immer höher werdend. Am Bug, unter Tausenden von Menschen, steht eine Frau und ruft verzweifelt nach meinem Vater. Ich verstehe ihre Sprache nicht. Er weint und winkt mit seinem Hut. Dann nimmt er Rudy und mich in seine Arme, einen auf jeder Seite, und zeigt uns.

Jetzt stehen zwei alte Menschen neben uns, die uns küssen und unsere Köpfe berühren. Die Frau küsst die Hand meiner Mutter, und ich glaube, sie bedankt sich bei ihr. Ich klammere mich an das Bein meiner Mutter. Ich mag die alte Dame nicht, weil sie zu dünn ist, ich mag ihren Geruch nicht, ich will nicht, dass sie mich berührt. Mein Bruder lässt sich küssen und lacht, als würde es kitzeln. Die Großmutter hat sehr blaue Augen wie mein Vater. Der Großvater hat keine Zähne, ich schaue ihn an, und er macht eine lustige Grimasse. Ich trete einen Schritt zurück.

Wir sind auf dem Weg nach Santiago, im Auto riecht es anders, mir ist ein bisschen übel. Meine Mutter sagt, das passiert mir immer, wenn wir den Hügel hinauffahren ... wir müssen anhalten, weil ich mich übergeben muss.

Ich bin allein im Badezimmer und warte auf Gudelia, die ein Handtuch holen gegangen ist, um meine Füße abzutrocknen. Ich stehe auf dem Bidet, rutsche aus und falle hin, ich breche mit meinem rechten Knie den Boden des Bidets. Ich höre Schreie, ich weiß nicht, ob es meine sind oder die meiner Nanny. Ich spüre keinen Schmerz. Sie heben mich hoch und ich sehe mein Knie, das wie ein Dosendeckel aufgeschnitten ist.ich sehe den Knochen, er

ist gelblich. Das Badezimmer ist voller Blut. Miss Nieves kommt, wickelt mein Bein in ein Handtuch und rennt mit mir die zwei Treppen hinunter. Sie geht ins Villarreal, um meine Mutter und meinen Vater zu suchen, aber sie sind nicht da. Eine Dame, die gerade Tee trinkt, bittet ihren Fahrer, mich zum Arzt zu bringen.

Ich liege auf einer Trage und mehrere Ärzte untersuchen mein Knie. Ich sehe, wie sie den Kopf schütteln. Sie spritzen direkt in meine Wunde. Jetzt bin ich in der Santa-María-Klinik. Meine Mutter ist gekommen, sie streichelt mich und zeigt mir eine Narbe auf ihrer Hand. Sie erzählt mir, dass sie, als sie so alt war wie ich, von einem Hund in die Hand gebissen wurde und dass man sie nähen musste. Sie setzen mir eine Maske auf – es ist Chloroform.

Ich wache auf, und mein ganzes Bein ist eingegipst. Es juckt, und ich kann mich nicht kratzen.

Jetzt bin ich in meinem Zimmer, im Bett, ich kann mein Bein nicht bewegen. Der Gips ist schwer, und es juckt so sehr, dass ich fast verrückt werde. Meine Mutter bringt mir eine Stricknadel mit einer kleinen Hand an der Spitze.

Ich liege drei Monate im Bett, gehe nicht zur Schule, und das Einzige, was ich tue, ist, die Malbücher auszumalen, die mir meine Mutter bringt.

Als sie den Gips abnehmen, ist mein Bein dünn, und ich kann nicht gehen, weil es wegknickt. Mein Vater trägt mich. Rudy nimmt das hintere Stück des Gipses und läuft lachend damit herum.

Mein Großvater geht mit einem Stock und trägt immer einen Hut. Jetzt ist er dicker geworden und hat Zähne. Er spricht nur Deutsch und begleitet meinen Vater jeden Nachmittag ins Teezimmer. Abends streitet er oft mit meiner Großmutter. Ich mag ihre Sprache nicht, ich liebe sie nicht, und es scheint, als würden sie mich auch nicht lieben, aber sie lieben Rudy und Patita, die langsam beginnt ein wenig Deutsch zu verstehen.

Sonntags gibt uns mein Großvater einen blauen Geldschein, ich bewahre ihn in einer silbernen Schatulle auf. Meine Großmutter Lotte verbringt viel Zeit mit ihrer Tochter Frida und ihrer anderen Enkelin Kiki, meiner Cousine. Sie sprechen Deutsch.

Manchmal ruft Gudelia meinen Vater an, um mich zu verpetzen. Sie verpetzt mich ständig. Sie wird wütend, weil ich sie „dumme Idiotin" nenne. Rudy nennt sie auch so, aber sie verpetzt ihn nie. Einmal lehnten meine Cousine Kiki und ich uns im Unterrock vom Balkon der Wohnung. Da kam mein Vater hinauf und schlug uns leicht auf den Kopf. Ich liebe ihn mehr als jeden anderen. Ich bin ihm nie böse, obwohl ich manchmal Angst vor ihm habe.

Meine Mutter nimmt mich mit in die „Casa Cubana", eine Buchhandlung in der Nähe von Villarreal. Der Boden ist aus Erde, und es gibt dort viele Spielzeuge. Ich bekomme Wutanfälle, wenn sie mir nicht alles kauft, was ich will; ich werfe mich auf den Boden und bedecke mich mit Staub. Sie klopft meine Kleidung aus, meine Schürze bekommt Flecken.

Wir ziehen aus der Wohnung in ein großes Haus an der
Ecke Suecia und Providencia. Das Haus hat eine weiße
Marmortreppe. Das Esszimmer hat Fenster mit kleinen,
bunten Scheiben. Es gibt auch einen Keller mit einem
kohlebetriebenen Ofen. Oben gibt es vier Zimmer: Rudy
und ich schlafen in einem, Patty mit Fräulein Nieves, die
sich um sie kümmert, in einem anderen. Meine Eltern
und meine Großeltern schlafen in den beiden übrigen
Zimmern. Unten schlafen Carmen, mein Kindermädchen,
und Gudelia.

Meine Schwester ist krank, sehr krank. Oben sind mehrere
Ärzte. Ich will nicht… Ich will ihr sagen, dass ich sie liebe.
Ich nehme eine kleine Heiligenfigur von meinem Nacht-
tisch, stecke sie in die Tasche meiner Schürze und gehe
in Patitas Zimmer. Sie liegt im Bett und schläft. Ich traue
mich nicht, ihr zu sagen, dass ich sie liebe – ich
weiß nicht, warum –, aber ich lege die kleine Figur unter
ihr Bett.

Patita ist gestorben. Sie liegt in einem weißen Sarg im
Wohnzimmer. Es sind viele Erwachsene da. Jemand nimmt
mich auf den Arm und sagt mir, ich solle mich von meiner
kleinen Schwester verabschieden. Patty hat ein wenig
rosafarbenen Schaum am Mund. Mein Vater öffnet den
Deckel, umarmt sie und wischt ihr den Mund ab.
Sie sagen uns Kindern, dass wir zu Frau Eugenia gehen sollen, die in der Nähe wohnt. Aber als wir ankommen,
renne ich weg und laufe zurück nach Hause. Ich sehe,
wie ein weißer Wagen mit vier Pferden gerade von
unserem Haus wegfährt.

Am nächsten Tag gehe ich ins Badezimmer, während mein
Vater sich rasiert und dabei weint. Tränen laufen ihm über
das Gesicht.

Ich kann mich nicht an meine Mutter erinnern. Ich weiß
nicht, wo sie ist. Ich sehe sie nicht.

Frau Eugenia sitzt nun auch mit meinem Vater am Tee-
tisch. Sie steht meiner Mutter und meinem Vater sehr nahe
und ist Pattys Taufpatin. Ich mag ihre Hände mit den
langen, rot lackierten Nägeln. Ich glaube, ich wünschte,
sie wäre meine Mutter statt meiner Mutter. Meine Mutter
ist immer in der Küche in Villarreal und ich mag ihren
Geruch nicht – sie riecht nach Essen. Nur morgens gehe
ich gerne in die Küche, wenn sie mir ein Stück frisch
gebackenen Biskuitkuchen mit viel Schlagsahne gibt.
Meine Mutter arbeitet viel. Sie ist immer mit dem Backen
von Kuchen und Gebäck beschäftigt, überall ist Mehl –
auf ihren Händen, in ihrem Gesicht, auf ihrer Schürze.

Manchmal ist mein Vater besonders freundlich zu Carmencita, der Tochter von Frau Eugenia, und das macht
mich wütend. Ich werde eifersüchtig. Ich hasse es. Mein
Vater rührt Eiscreme mit einem großen Holzpaddel, dass
wie ein Ruder aussieht. Seine Hemdsärmel sind hochge-
krempelt, er hat die Kraft zum Rühren. Das Eis ist köst-
lich, am liebsten mag ich Himbeere.

Diese Kindheitserinnerungen schrieb Lotty Rosenfeld 2016
auf Anregung der Kuratorin Alexia Tala nieder.

It is the summer of 1945, I am two and a half years old, I live in Providencia on Orrego Luco in a big apartment, with my sister Patty, my brother Rudy, my mother and father, and two nannies—Eufemia del Carmen and Gudelia. Also living with us is Miss Nieves, who takes care of my sister.

It is night and I have woken up, it's dark. I don't want to call my mother, I don't call her. I climb out of the crib, swinging one leg and then the other over the bars, turning with difficulty, holding on with both hands, and I let myself fall. It's the first time I've done it.

I walk down the hallway toward the bathroom, there is a faint light filtering from my parents' bedroom. In the bathroom I try to climb onto the toilet, it's too high for me, I can't. I take a little stool and stand on it, now I can sit. I hear my mother very softly say to my father: "Ernesto, do you hear the little girl? She climbed out of her crib and is peeing all by herself, she's such a little rascal…" I remember that hearing that made me feel happy, but I pretended I hadn't heard and … I remember nothing else.

It is winter because we're wearing coats and a cold wind blows, everything looks gray, it's the year 1946, I'm three years old and we're in the port of Valparaíso. My father, my mother, and my brother Rudy, the four of us stand on the dock very close to a huge ship full of refugees. I look up at it and don't understand why people are shouting, everyone is shouting, the ship is gigantic, narrow at the bottom and rising up taller and taller. At the bow, among a thousand people, there is a lady desperately calling my father, I don't understand her language. He cries and waves his hat in his hand, then he takes Rudy and me in his arms, one on each side, and shows us.

Now there are two old people beside us who kiss us and touch our heads, she kisses my mother's hand and I think she thanks her. I cling to my mother's leg, I don't like the old lady because she's too skinny, I don't like her smell, I don't want her to touch me. My brother lets himself be kissed and laughs as if it tickled. The grandmother has very blue eyes like my father's, the grandfather has no teeth, I look at him and he makes a funny face, I step back.

We are on our way to Santiago, there's a different smell in the car, I feel a little sick, my mother says it always happens to me when we start climbing the hill … we have to stop because I'm going to throw up.

I'm alone in the bathroom waiting for Gudelia, who went to get a towel to dry my feet. I stand on the bidet and slip and fall, I break the bottom of the bidet with my right knee, I hear screams, I don't know if they are mine or my nanny's. I feel no pain, they lift me up and I see my knee opened like a can lid, I see the bone, yellowish. The bathroom is covered in blood. Miss Nieves arrives and wraps my leg with a towel and runs down the two flights of stairs carrying me, enters the [Café]Villarreal to look for my mother and father, but they aren't there. A lady who is having tea tells her driver to take me to the Public Health Service.

I'm on a stretcher and several doctors look at my knee, I see them shake their heads. They inject directly into my wound.

Now I'm in the Santa María Clinic, my mother has arrived, she caresses me and shows me a scar she has on her hand, she tells me that when she was a girl like me, a dog bit her hand and they had to stitch it. They put a mask on me, it's chloroform.

I wake up and my whole leg is in a cast, it itches and I can't scratch.

Now I'm in my room, in bed, I can't move my leg, the cast is heavy, it itches so much it drives me crazy. My mom brings me a knitting needle with a tiny hand at the tip.

I spend three months in bed, I don't go to school and the only thing I do is paint books my mother brings me.

When they remove the cast, my leg is skinny and I can't walk, my leg buckles, my father carries me, Rudy takes the back piece of the cast and walks around laughing.

My grandfather walks with a cane and always wears a hat, now he has gotten fatter and has teeth, he only speaks German and accompanies my father in the tearoom every afternoon. At night he argues a lot with my grandmother, I don't like their language, I don't love them and it seems they don't love me either, but they do love Rudy and Patita, she seems to be starting to understand some German.

On Sundays my grandfather gives us a blue banknote, I keep it in a silver chest. My grandmother Lotti spends much of her time with her daughter Frieda and her other granddaughter Kiki, my cousin, they speak in German. Sometimes Gudelia calls my father on the phone to tell on me, she always tells on me, she gets mad because I call her stupid idiot. Rudy also calls her that but she never tells him. One time my cousin Kiki and I leaned out from the apartment terrace in our petticoats, my father came up and smacked us on the head. I love him more than anyone, I don't get mad at him, though sometimes I'm afraid of him.

My mother takes me to the Casa Cubana, a bookstore near [the Café] Villarreal, the floor is dirt and it's full of toys. I throw tantrums when she doesn't buy me everything I want, I throw myself on the ground and get covered in dirt, she shakes off my clothes, my smock getsstained.

We move from the apartment to a big house on Suecia with Providencia. The house has a white marble staircase. The dining room has windows with small colored panes. There's also a basement with a furnace that runs on coal. Upstairs there are four rooms: I sleep with Rudy, Patty with Miss Nieves who takes care of her, my parents in another, and my grandparents in yet another. Downstairs sleep Carmen, my nanny, and Gudelia.

My sister is sick, sicker. Several doctors are upstairs. I don't want to … I want to tell her I love her. I take a little plaster saint I keep on my nightstand and hide it in my smock pocket, I go to Patita's room, she's in bed sleeping, I don't dare tell her I love her, I don't know why I can't do it, but I put the little saint under her bed.

Patita died, she's lying inside a white coffin in the living room, there are many grown-ups, someone takes me in their arms and tells me to say goodbye to my little sister, Patty has a bit of pink foam at her mouth, my father opens the lid, hugs her, and wipes her mouth.

They tell us children we must go to Mrs. Eugenia's house, she lives nearby. But when we arrive, I run away and run back home, I glimpse a white carriage with four horses leaving my house.

The next day I go into the bathroom and my father is shaving and crying, tears streaming down his face.

I don't remember my mother, I don't know where she is, I don't see her.

Mrs. Eugenia also joins my father at the tea table, she is very close to my mother and father and is Patty's godmother. I like her hands with long red-painted nails, I think I wish she were my mother instead of my mother. My mother is always in the Villarreal kitchen and I don't like her smell, she smells of food. I only like going into the kitchen in the mornings when she gives me a piece of freshly baked sponge cake with lots of whipped cream. My mother works a lot, she's always busy making cakes and pastries, flour everywhere—on her hands, her face, her apron.

Sometimes my father is affectionate with Carmencita, Mrs. Eugenia's daughter, and it makes me angry, I get jealous, I hate it.

My father churns ice cream with a big paddle like a boat oar, his shirt sleeves rolled up, he has the strength to churn. The ice cream is delicious, I like the raspberry best.

In 2016 Lotty Rosenfeld noted down these childhood memories at the suggestion of curator Alexia Tala.

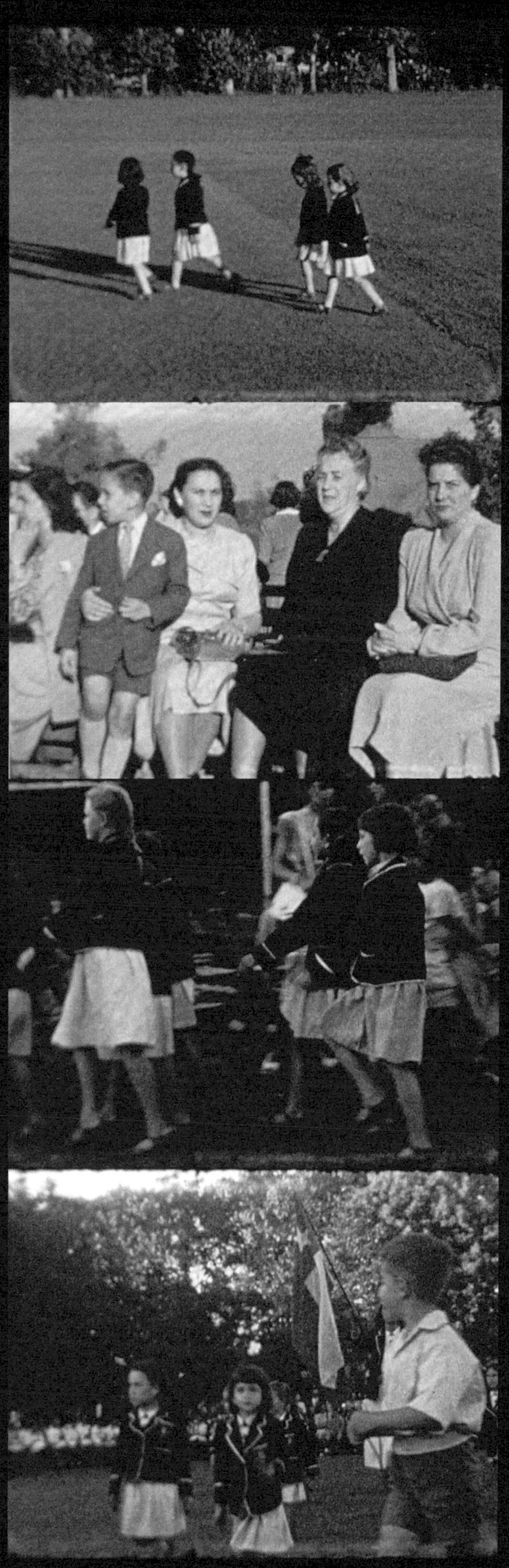

Ernst Rosenfeld, Lotty Rosenfeld als Kind, Dunalastair School, 1949, Super-8-Film
Ernst Rosenfeld, Lotty Rosenfeld as a child, Dunalastair School, 1949, Super8 film

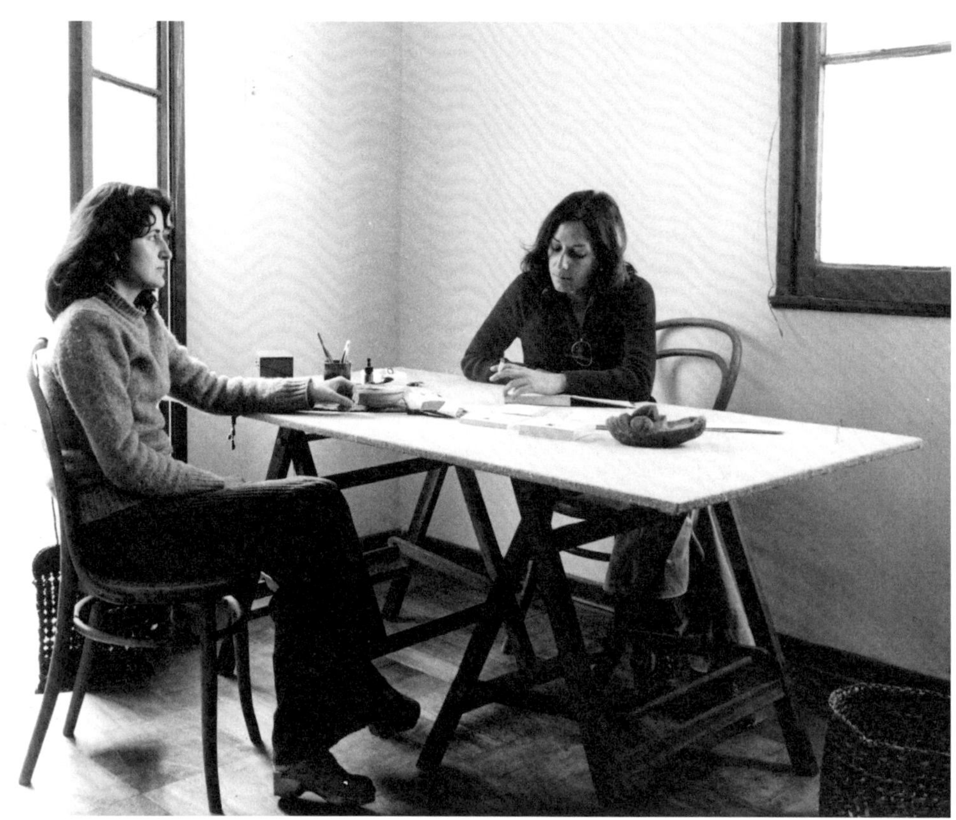

Ximena Ahumada & Lotty Rosenfeld, 1965

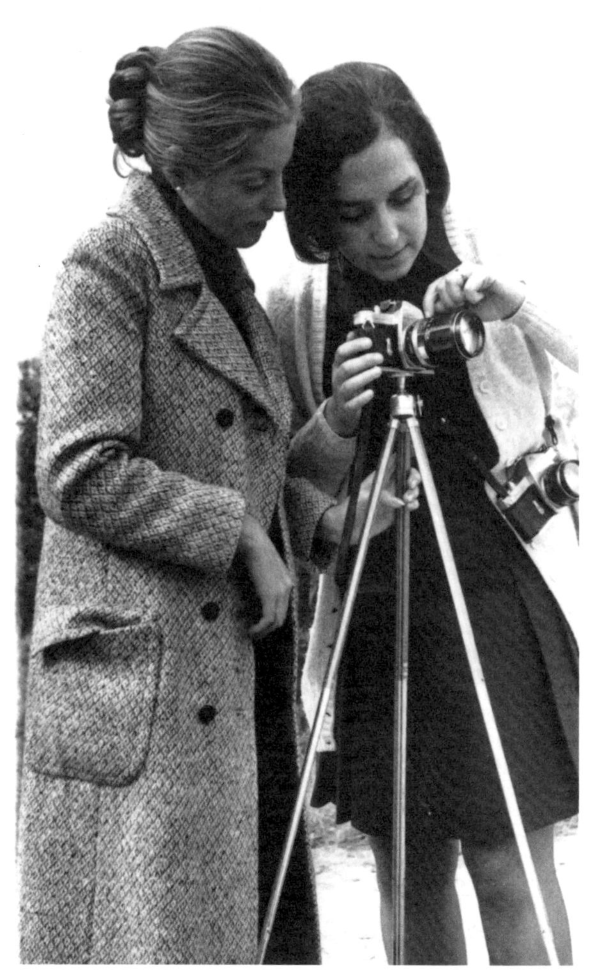

Ximena Ahumada & Lotty Rosenfeld, 1965

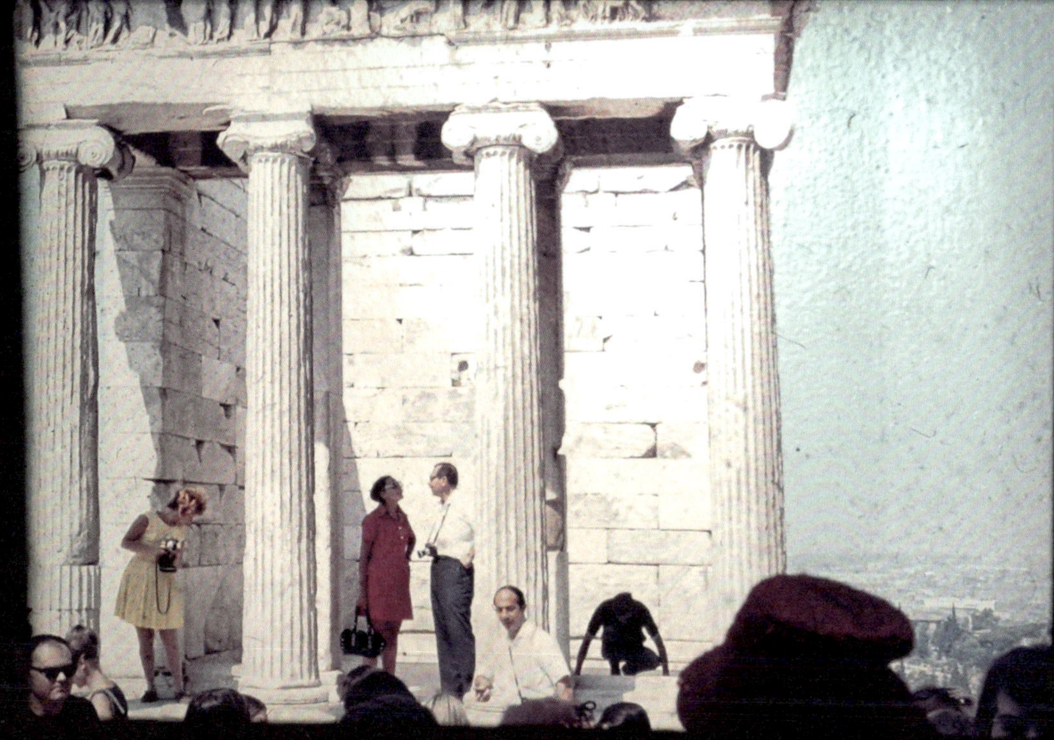

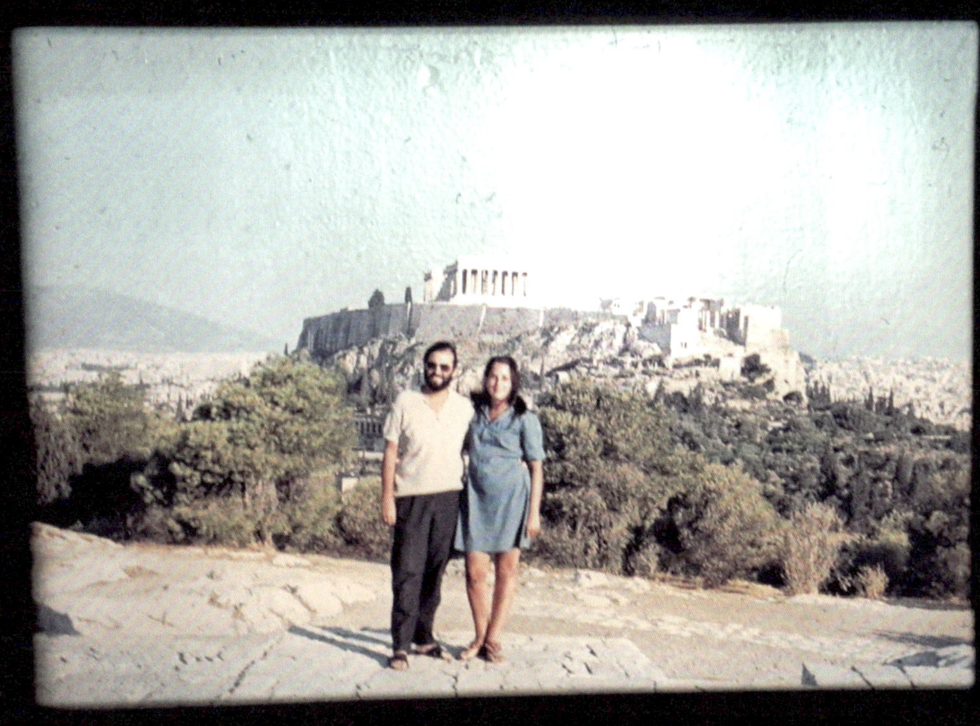

Europareise von Ernst Rosenfeld, Ramón Coz, Lotty Rosenfeld, 1969
A trip to Europe by Ernst Rosenfeld, Ramón Coz, Lotty Rosenfeld, 1969

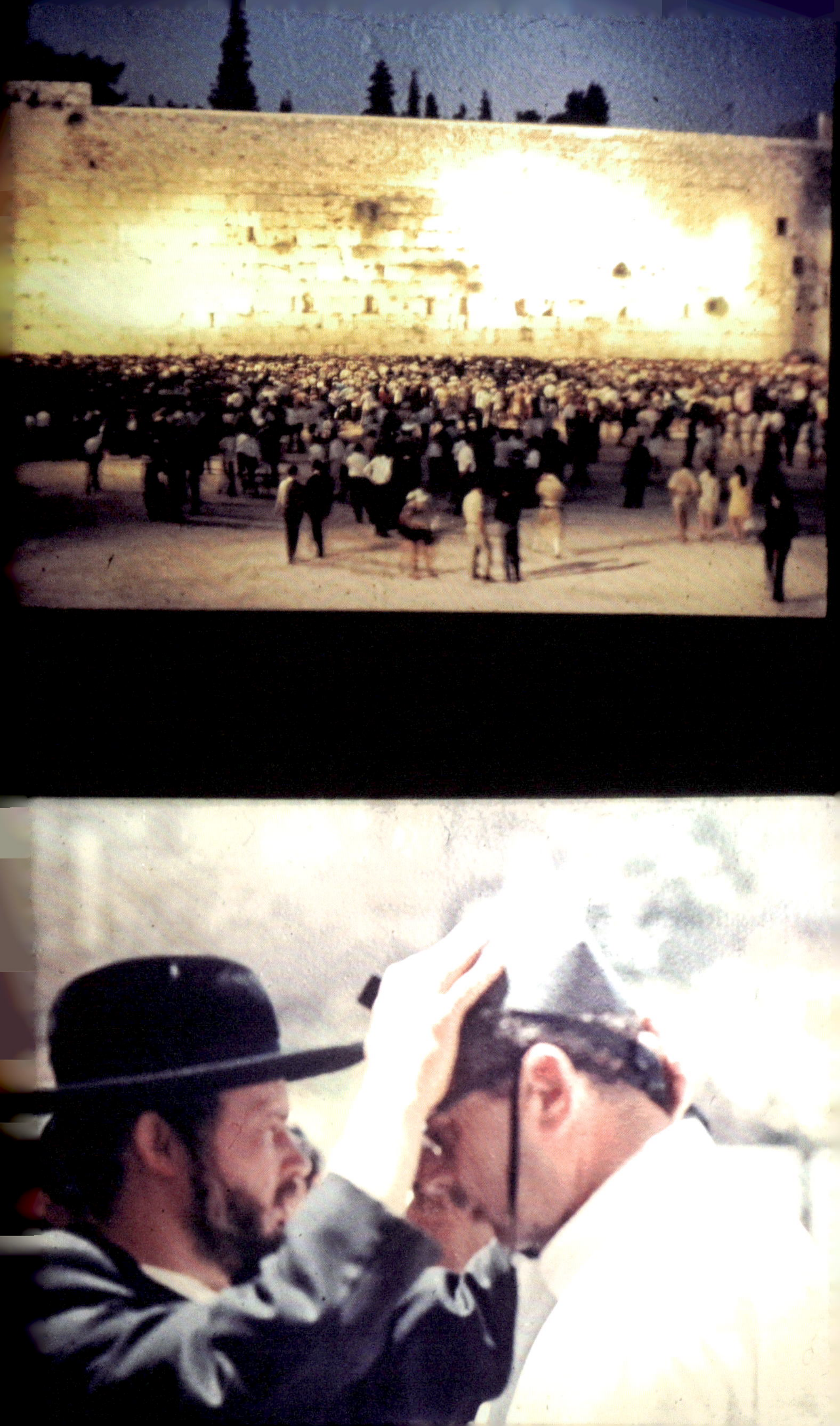

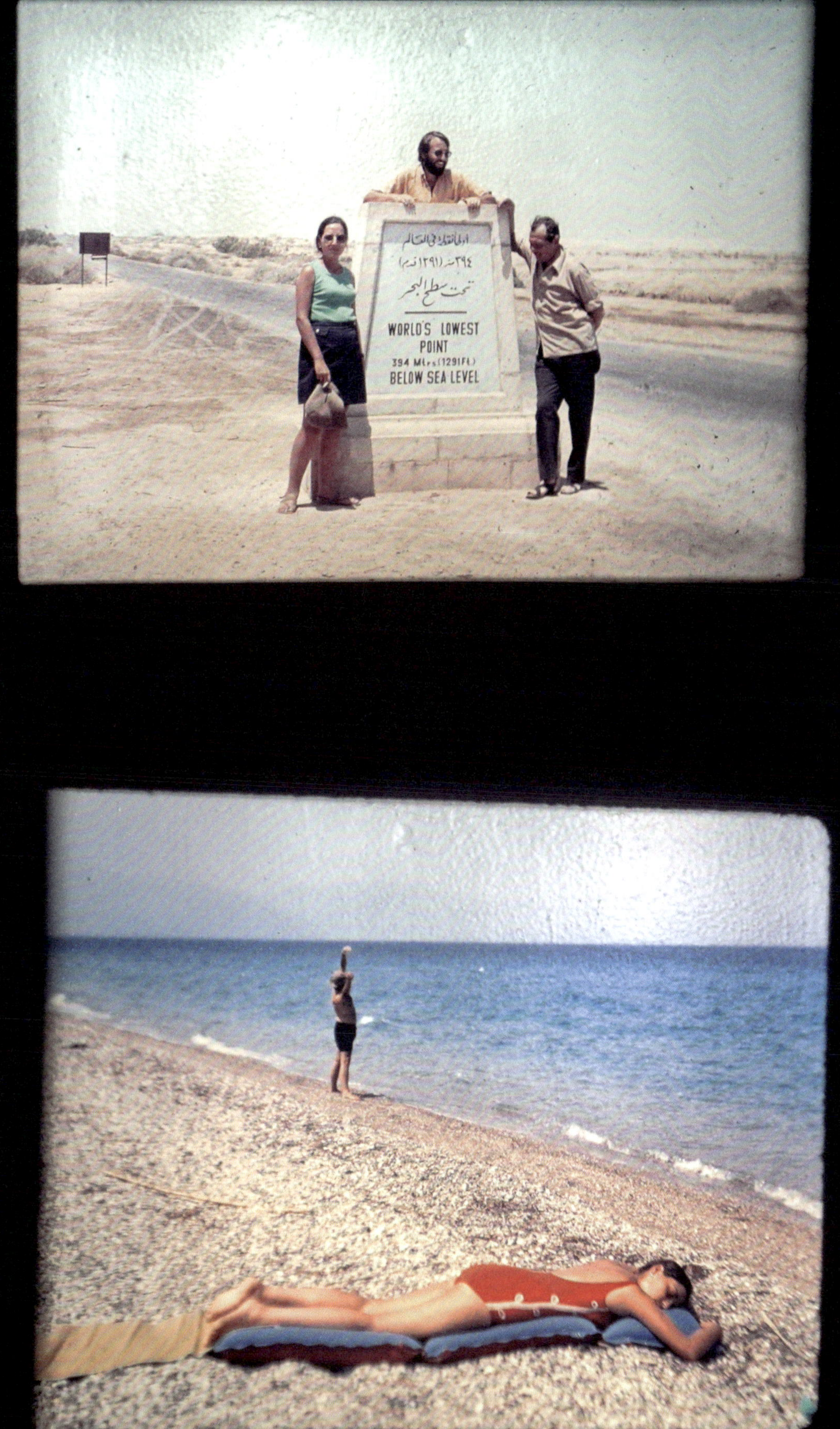
اول انخفاض في العالم
٣٩٤ مـ (١٢٩١ قدم)
تحت سطح البحر
WORLD'S LOWEST
POINT
394 Mtrs (1291Ft)
BELOW SEA LEVEL

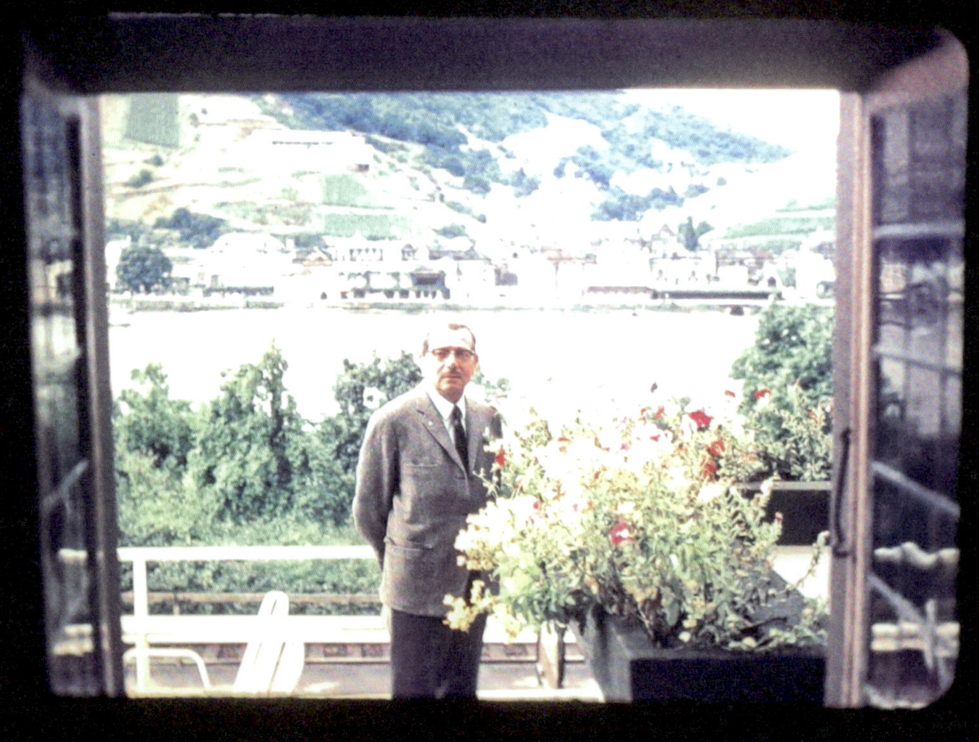

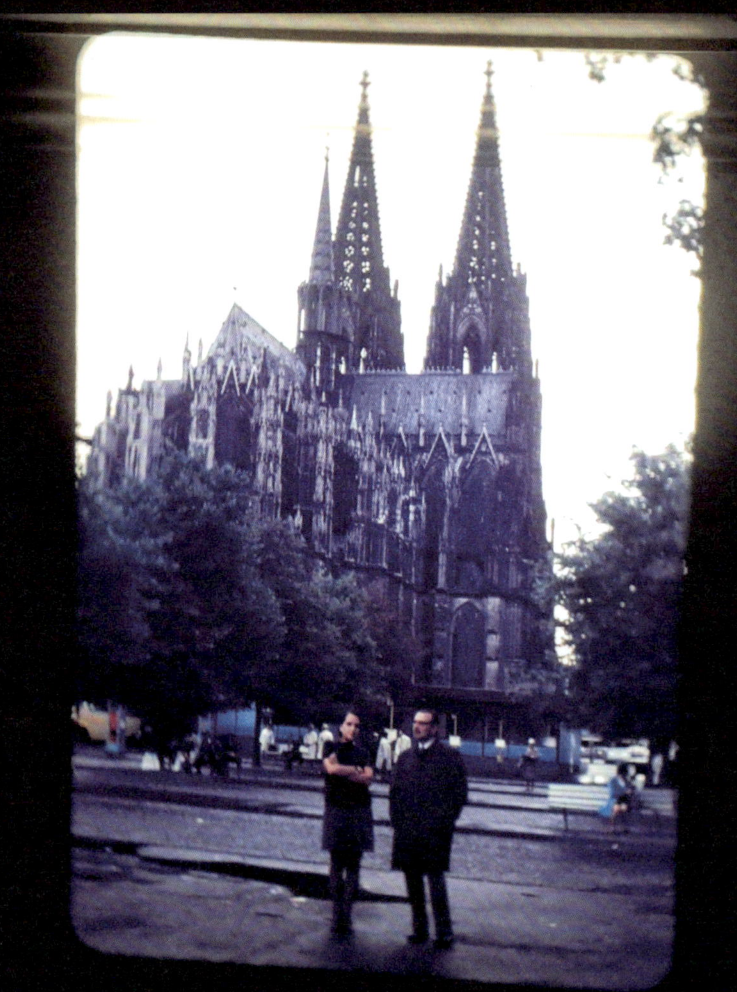

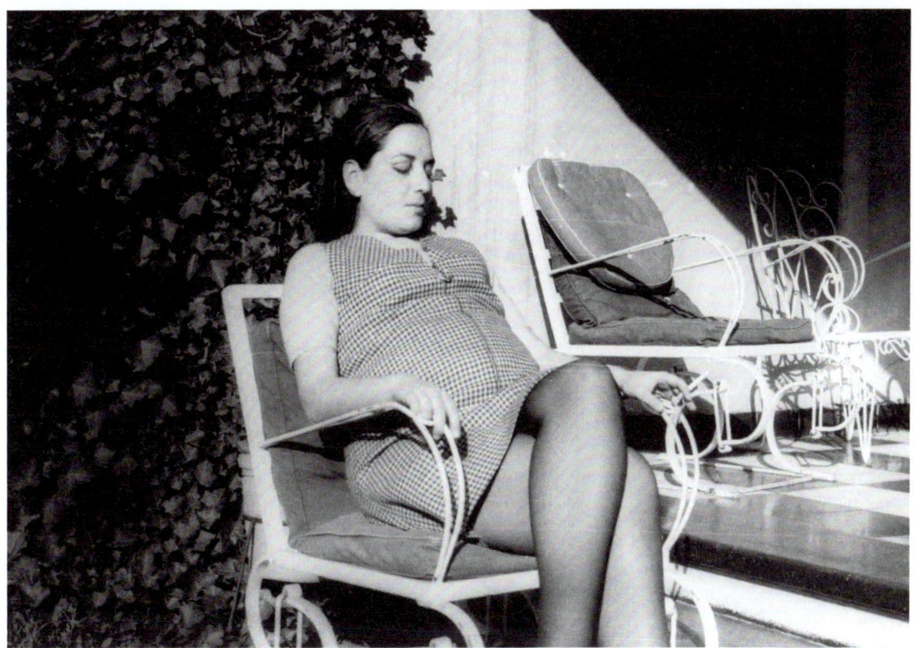

Lotty Rosenfeld, 1970

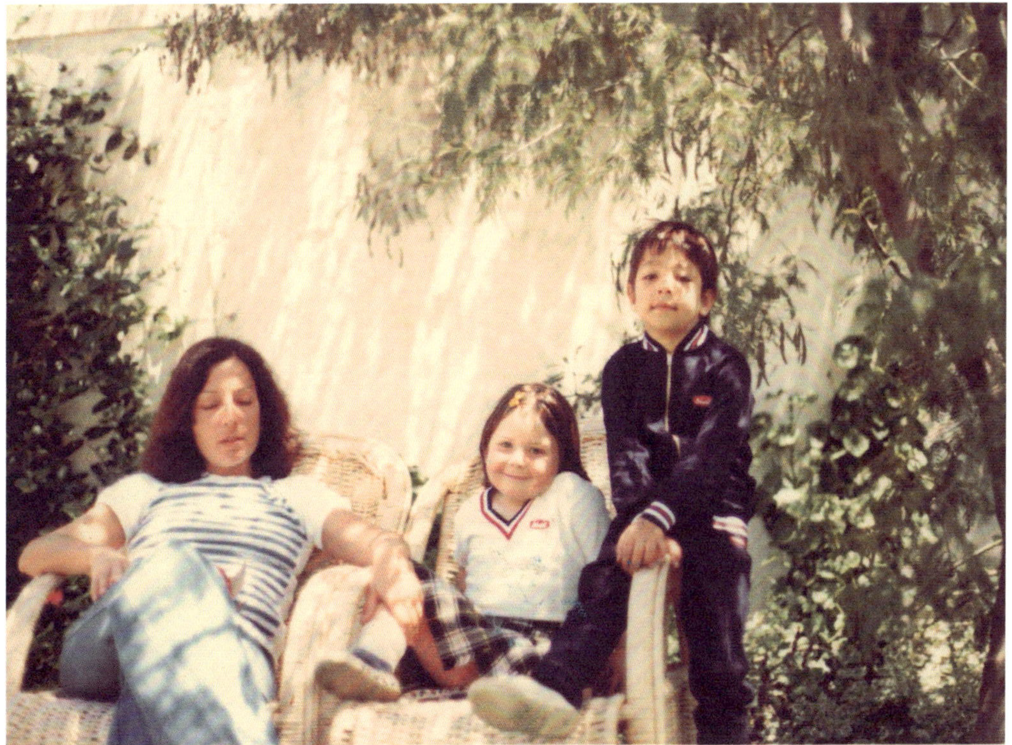

Lotty Rosenfeld, Alejandra & Ramón Coz, 1975

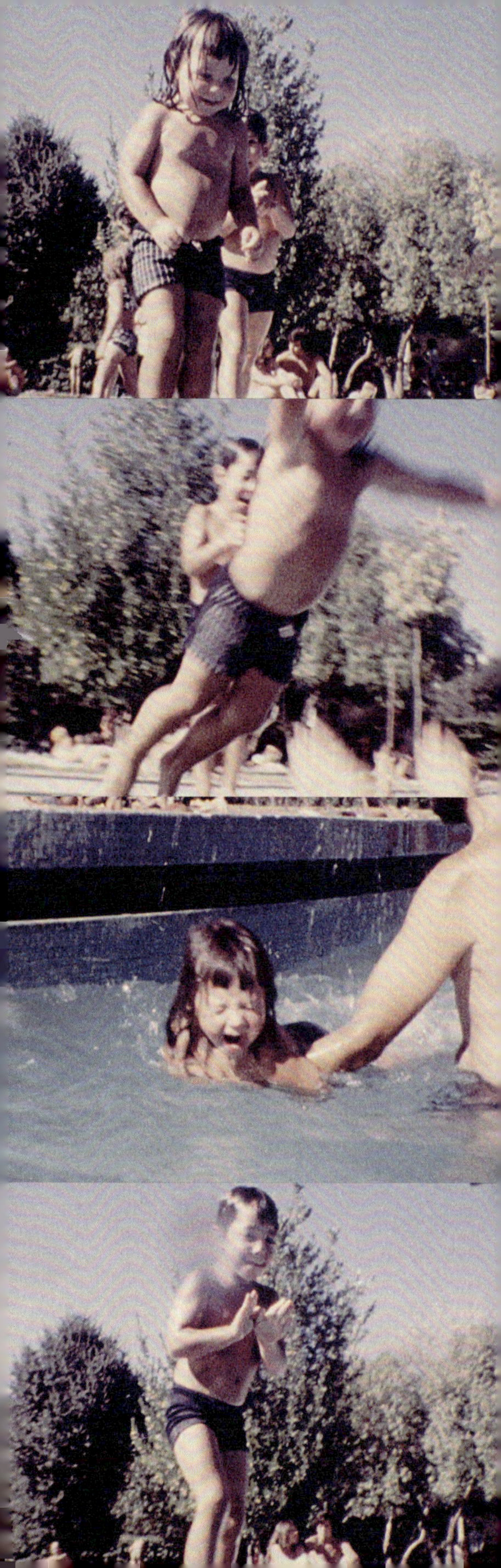

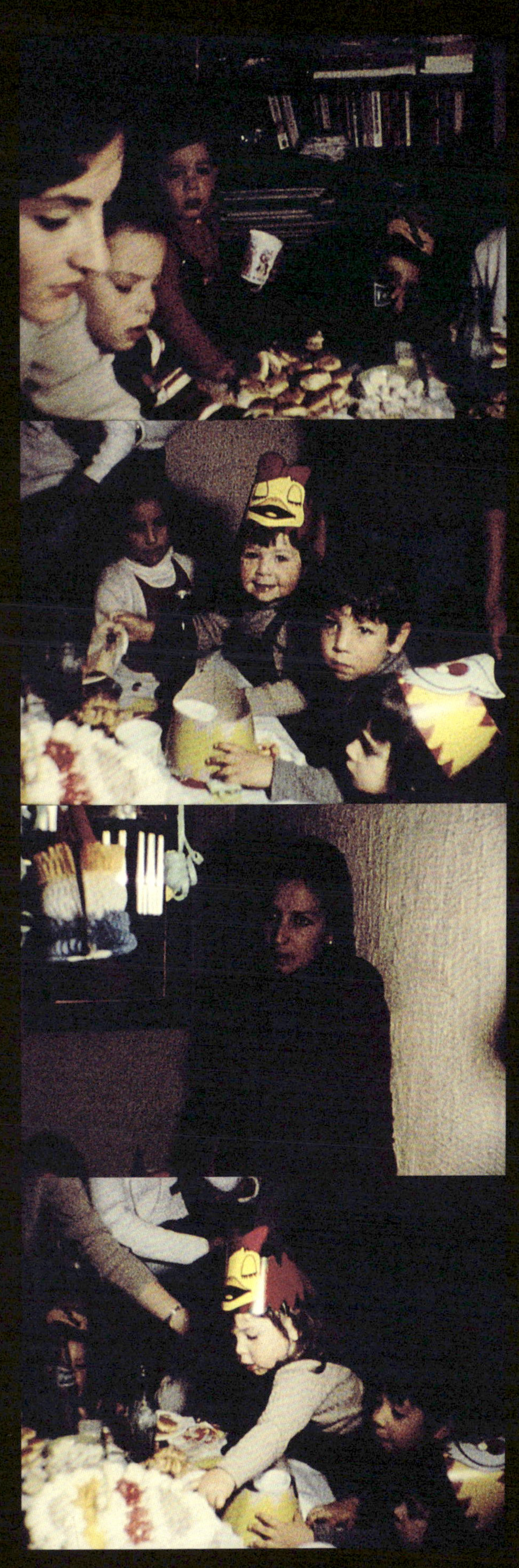

Ernst Rosenfeld, Alejandra Coz Rosenfelds zweiter Geburtstag, 1974, Super-8-Film
Ernst Rosenfeld, Alejandra Coz Rosenfeld's second birthday, 1974, Super8 film

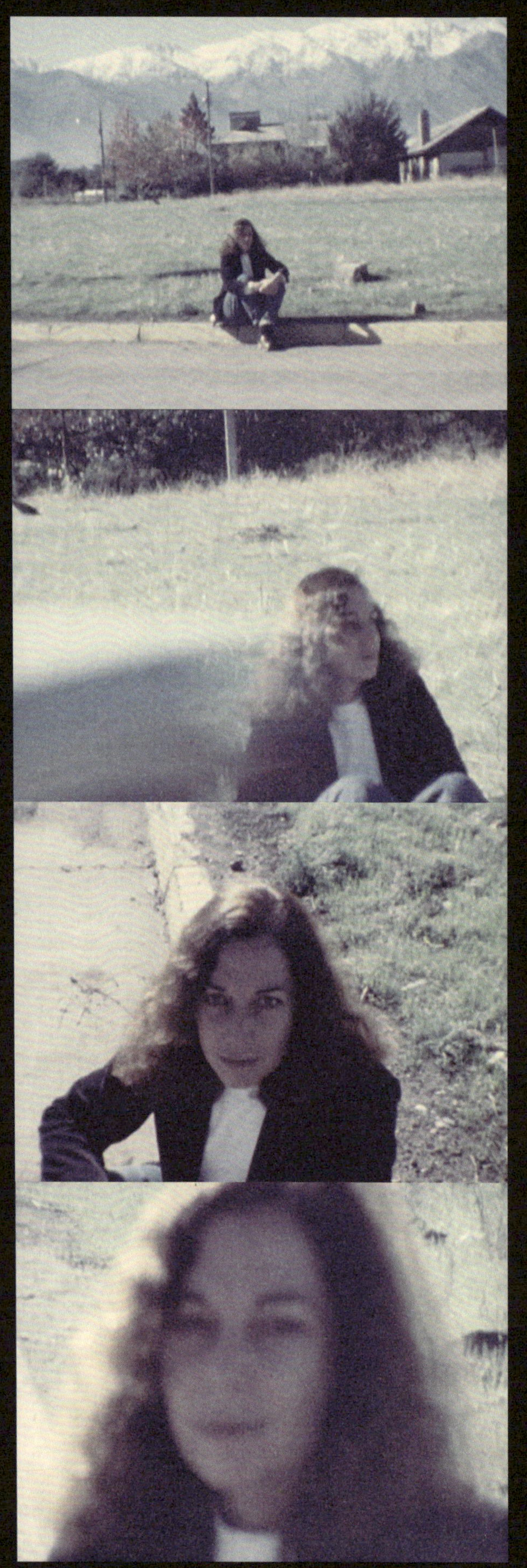

Rosenfeld und Freundin, *Lotty Rosenfelds Studio und Impressionen auf der Straße*, 1978, Super-8-Film
Rosenfeld and friend, *Lotty Rosenfelds Studio and street impressions*, 1978, Super8 film

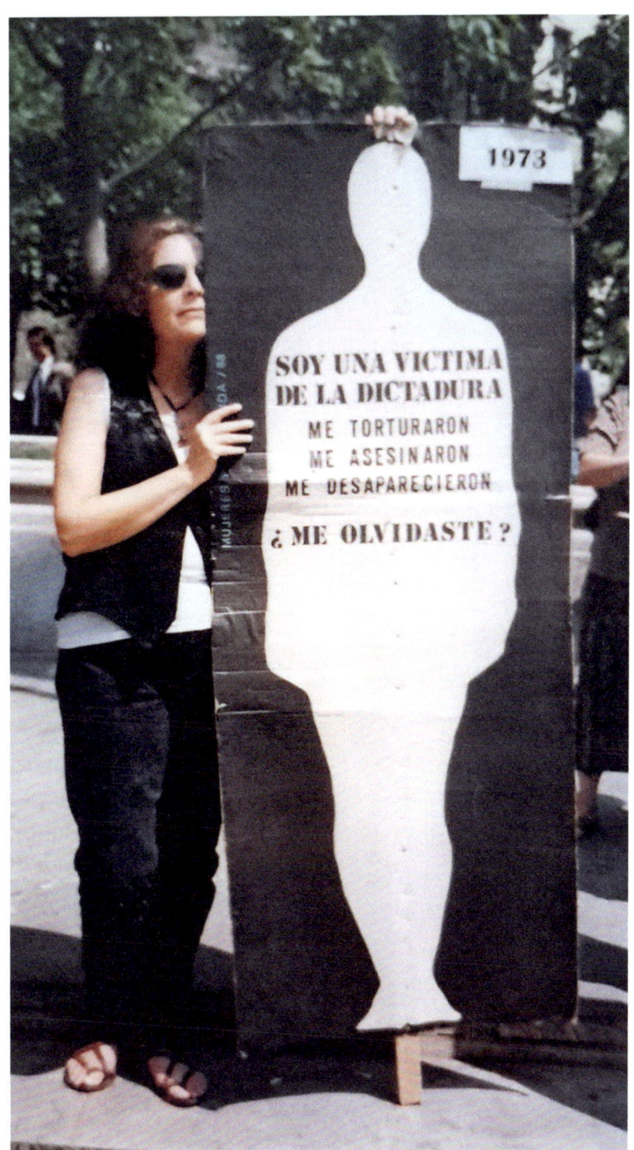

Lotty Rosenfeld, *Mujeres por la vida*, 1988

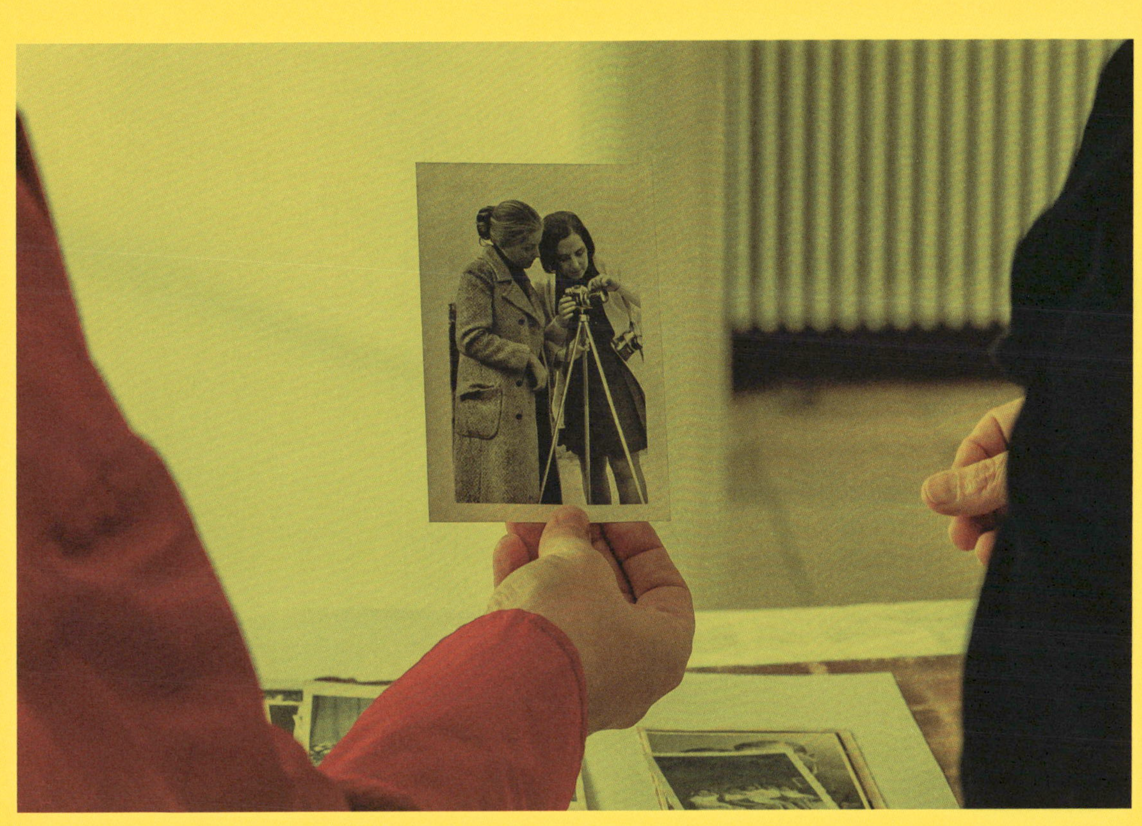

Ein Gespräch zwischen Paula Kommoss und
Alejandra Coz Rosenfeld

Paula Kommoss: Lotty Rosenfeld war
die Tochter von Ernst Rosenfeld, einem
deutschsprachigen Juden, der kurz vor
dem Zweiten Weltkrieg nach Chile floh.
Inwiefern glaubst du, hat die Geschichte
deines Großvaters – seine Vertreibung
und sein Überleben – die Weltanschauung
deiner Mutter geprägt, sowohl persönlich
als auch künstlerisch?

Alejandra Coz Rosenfeld: Ihre persönliche
und familiäre Geschichte prägte sie zutiefst
und weckte in ihr eine besondere, fast intuitive
Sensibilität. Die Frage nach Gerechtigkeit war
in ihrem Leben allgegenwärtig. Sie war eine
fortschrittliche, zukunftsorientierte Frau. Künstlerisch beschäftigte sie sich intensiv mit Themen
wie Migration, Unterdrückung, Gewalt und
Verlust. Das Bewusstsein, „anders" zu sein –
sogar energetisch – prägte sie in ihrer Kindheit.
Ihre Vorfahren hatten so unterschiedliche und
bemerkenswerte Leben geführt, und diese
Geschichte durchdrang ihr Wesen.

PK: Hat deine Mutter jemals über ihre
jüdisch-deutschen Wurzeln oder die
Erfahrungen ihres Vaters während des
Krieges im Zusammenhang mit ihrer
eigenen Identität als Künstlerin und
Aktivistin gesprochen?

ACR: Ja, sie hat immer darüber gesprochen
– es ist etwas, das über Generationen weitergegeben wurde. Auch ich spreche darüber, ge-
nauso wie meine Cousins, die Kinder von
Rodolfo (Lottys Bruder). Wir teilen sozusagen
eine gemeinsame Verantwortung für die Bewah-
rung der Erinnerung. Wir haben sogar eine
WhatsApp-Gruppe, die „Hotel Rome" heißt.
In Situationen, in denen meine Mutter sich
ausgeschlossen fühlte, sagte sie oft: „Das liegt
daran, dass ich eine Frau bin und Jüdin."
Sie war nicht religiös, besuchte jedoch eine
katholische Schule und heiratete sogar in der
Kirche. Ihr Vater Ernst sprach nicht viel über
seine Vergangenheit; wenn er es tat, erwähnte
er seine Schwester Steffi. Von den Schrecken
des Krieges habe ich ihn nie sprechen hören,
aber er litt viele Jahre unter Nachtangst und

Panikattacken. Dennoch war es etwas, das
unübersehbar in Lottys Leben präsent war.

PK: Gab es in eurer Familie einen be-
wussten Dialog über Exil, Trauma oder
Resilienz? Und wie könnte dieser mit
dem politischen Widerstand deiner
Mutter während der Pinochet-Diktatur
zusammenhängen?

ACR: Es wurde nicht offen darüber gesprochen,
aber durch ihr Verhalten lehrten sie uns Resilienz.
Meine Großeltern waren Persönlichkeiten
des öffentlichen Lebens – sie führten ein Café
in Santiago, das von der gesellschaftlichen und
kulturellen Elite besucht wurde. Sie waren für ihr
soziales Engagement bekannt. Ernst war Mitbegründer der *Sociedad Pro Ayuda al Niño Lisiado*,
einer Organisation, die Kinder mit Behinderungen
unterstützte. Am Anfang fuhren er und zwei
andere Ärzte in einem kleinen Transporter zu
den Kindern nach Hause. So wie Lotty einen
großen Einfluss auf den Feminismus in Chile
hatte, prägte Ernst mit seiner Resilienz die Familie
und viele andere. Heute gibt es vierzehn von der
Organisation betriebene Institute in ganz Chile.
Das dritte Kind meiner Großeltern, Patricia,
starb im Alter von vier Jahren an Leukämie und
Spina bifida. Diese Erfahrung war für Lotty prä-
gend. Sie bewegte sie dazu, sich für Menschen
am Rande der Gesellschaft einzusetzen und
beeinflusste auch ihren politischen Widerstand.
Vielleicht war ihr Widerstand zweigeteilt – für
sich selbst und für jene, die nicht kämpfen
konnten. Ernst machte sichtbar, was viele nicht
sehen wollten: Viele Kinder waren bettlägerig,
weil es niemanden gab, der ihnen helfen konnte.
Lotty wuchs mit dem Wissen um diese schmerz-
hafte Realität derjenigen, die nicht gehört
wurden, auf. Sie handelte auf ihre Weise ähnlich.

PK: Angesichts der Tatsache, dass Ernst
Rosenfeld aus einem vom Faschismus
geprägten europäischen Kontext stammte:
Wie hat dieses Erbe deiner Meinung nach
Lottys späteren Widerstand gegen die
autoritäre Macht in Chile beeinflusst?

ACR: Die Erfahrungen meines Großvaters sprachen Bände, er lehrte durch sein Beispiel. Er war
sanft, dankbar und gütig; über Politik sprach er
selten. Seine Geschichte war die treibende Kraft

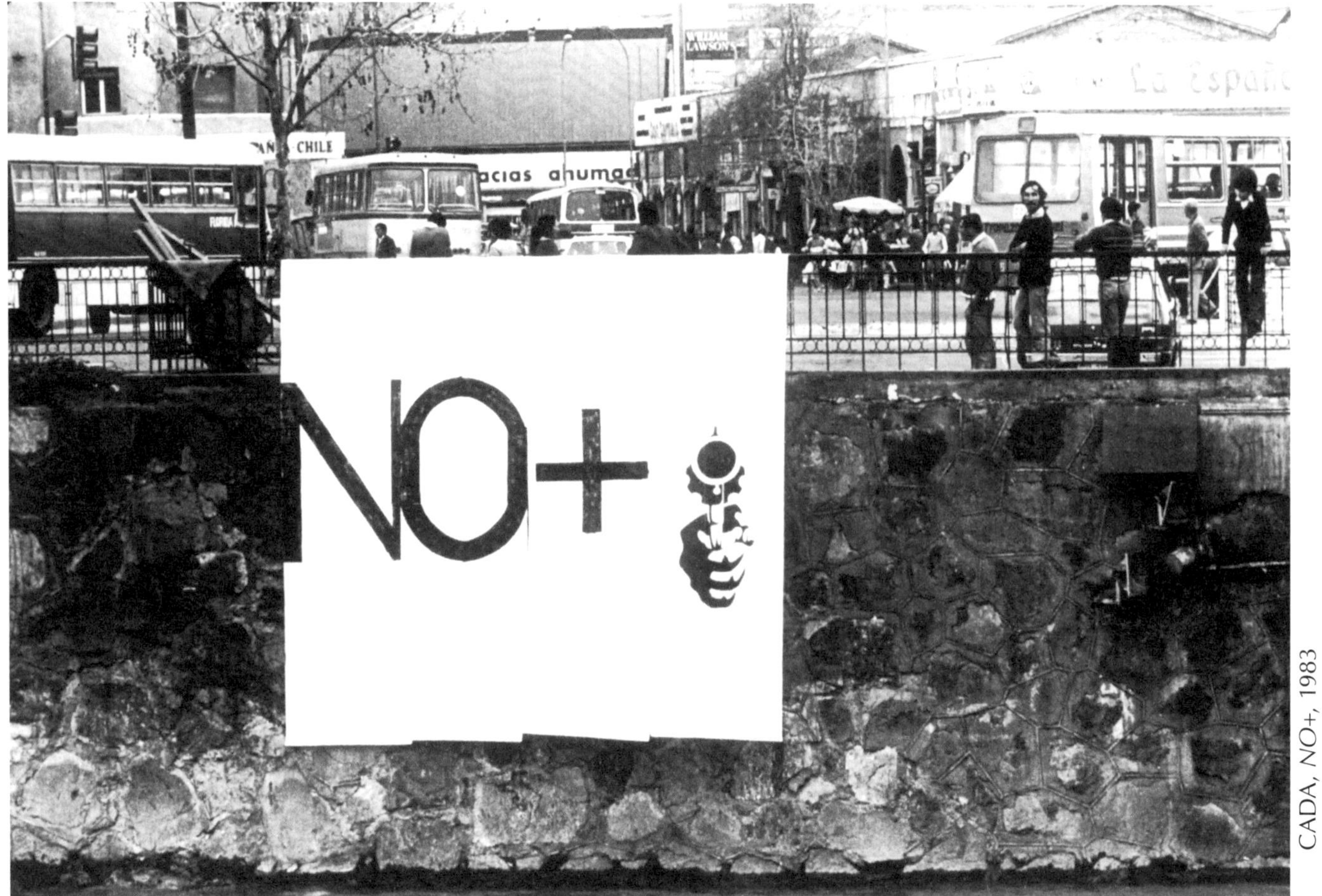

CADA, NO+, 1983

hinter Lottys Widerstand. Ich stelle mir vor, dass es etwas ist, das in der DNA verankert ist: Die Wunde, die die Nazis hinterlassen hatten, kam mit dem Putsch wieder zum Vorschein und fand Ausdruck in ihrer Kunst.

PK: Das Kreuz oder Pluszeichen in der Arbeit deiner Mutter trägt viele Bedeutungen – von Verweigerung bis Addition, von Tod bis Potenzial. War dieses vielschichtige Symbol in irgendeiner Weise auch ein Spiegel ihrer Identität als Tochter eines Holocaust-Flüchtlings und als lateinamerikanische Frau unter der Diktatur?

ACR: Absolut. Sie solidarisierte sich mit allen, die sich nicht frei äußern konnten. Lotty wählte dieses universelle Symbol, damit es jeder verstehen konnte. Jeden Tag verkörperte sie Unabhängigkeit, indem sie Wege markierte und Fluchtrouten für andere schuf. Außerdem forderte sie die Menschen auf, selbstständig zu denken, Fragen zu stellen und auf ihre eigene Stimme zu hören. Darüber hinaus ist es eine sehr ökonomische und präzise Geste. „Weniger ist mehr", pflegte sie zu sagen.

PK: CADA (Colectivo de Acciones de Arte) spielte mit Sprache und interventionistischen Strategien, oft an der Schnittstelle von Kommunikation und Störung. Siehst du darin eine Verbindung zu einer diasporischen Sensibilität – eine, die zwischen Sprachen, Kulturen und Geschichten navigiert?

ACR: Natürlich gibt es einen Zusammenhang. CADA vereinte sehr unterschiedliche Persönlichkeiten: bildende Künstler wie Lotty und Juan Castillo, die Schriftstellerin Diamela Eltit, den Dichter Raúl Zurita und den Soziologen Fernando Balcells. Sie alle hatten einen anderen Hintergrund und abweichende politische Ansichten. Ihre Unterschiede schufen eine starke, diasporische Synergie, verbunden durch die gemeinsame Motivation, die Diktatur zu bekämpfen. Sie arbeiteten mit minimalen Mitteln wie Linien, Symbolen und Stille – und entwickelten poetische, kryptische Gesten, die der Zensur entgingen und dennoch sehr viel aussagten.

Lotty galt oft als bürgerlich, während Castillo aus der nördlichen Wüste stammte und im schwedischen Exil lebte; Eltit hatte palästinensische Wurzeln. Jeder brachte seine eigene

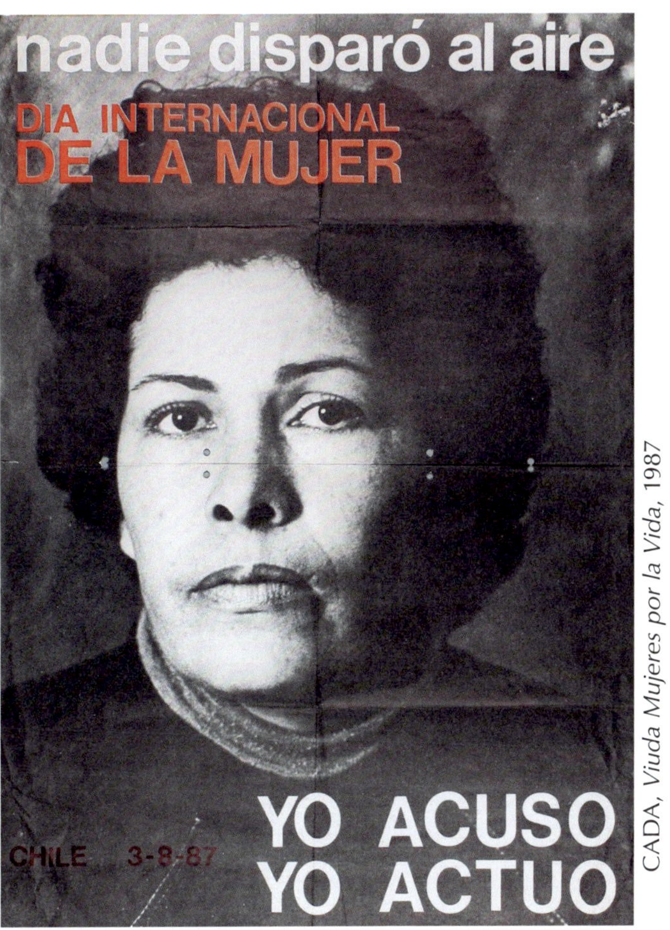

CADA, *Viuda Mujeres por la Vida*, 1987

Biografie in die Arbeit ein. Ihre Aktionen – wie das ikonische *NO+* oder die Flugblattaktion *Ay Sudamérica!* – waren subtile, präzise Interventionen, die den öffentlichen Raum, die Medien und die Sprache selbst infiltrierten. Ihr kollektiver Geist widersetzte sich auch dem wachsenden neoliberalen Individualismus. Lotty entwarf zum Beispiel gemeinsam mit Diamela das Plakat *Mujeres por la Vida*, das auf einer früheren Arbeit von CADA basierte – dem Bild einer Witwe, das zu einem starken feministischen Symbol wurde. Diese Akte waren nicht nur künstlerische Gesten, sondern auch Formen des Widerstands, der Erinnerung und des Überlebens.

PK: Hat Lotty jemals über den Begriff der Zugehörigkeit nachgedacht – sei es zu Chile, zum Judentum oder zu den globalen feministischen und politischen Bewegungen, an denen sie teilnahm?

ACR: Lotty dachte intensiv über Zugehörigkeit nach, wehrte sich jedoch dagegen, sich auf eine einzige Identität festlegen zu lassen. Chile war ihre Heimat und ihr jüdisches Erbe prägte ihre Weltanschauung – doch sie dachte immer in größeren Zusammenhängen. Ihr feministisches Engagement reichte von Grafikdesign, wie beim Plakat *Mujeres por la Vida*, bis hin zu historischer Forschung. Zusammen mit Diamela Eltit gründete sie das *Archivo Eltit-Rosenfeld*, eine Sammlung von Interviews und Dokumenten zur chilenischen Frauenbewegung, die heute an der Päpstlichen Katholischen Universität Chiles aufbewahrt wird. Es ist ein Zeugnis ihres politischen und künstlerischen Engagements. Ihr jüdisches Erbe durchzog all das leise, aber beständig.

PK: Die Arbeit deiner Mutter war nicht nur politisch, sondern zutiefst feministisch. Wie hat ihre persönliche Geschichte – mit einem vom Exil geprägten Vater – ihr Verständnis von Widerstand, Fürsorge und Ungehorsam als Frau und Künstlerin beeinflusst?

ACR: Sie prägte sie ein Leben lang. Durch ihre Familiengeschichte besaß sie eine große Sensibilität für Ungerechtigkeit und einen Drang, einzugreifen, wo immer sie konnte. Das beeinflusste ihre Praxis in Kunst und Leben und ihren unermüdlichen Anspruch, Autorität und Normen

infrage zu stellen. Sie war durch und durch
feministisch.

PK: Wie beeinflusste Lottys Familienge-
schichte ihre Rolle als Mutter? Oder die
Art, wie sie mit dir über Gerechtigkeit,
Identität oder Mut sprach?

ACR: Sie erzog uns immer aus einer Haltung
der Freiheit heraus, ließ Raum für Fragen, für
die Entdeckung des eigenen Selbst, und förderte
die Akzeptanz von Unterschieden sowie das
Anderssein. Ihre Erzählungen verbanden Vergangenheit und Gegenwart, durch Bilder, Archive
und Erinnerungsstücke mit emotionalem Wert
– wie meine Babyschuhe oder die meines Bru-
ders, die sie aufbewahrte. Eine Geschichte, die
über Generationen weitergegeben wurde, war
jene, als Charlotte Rosenfeld in einem Theater
saß, das in Brand geriet. Während alle anderen
vom oberen Balkon ins Parkett sprangen, blieb
sie sitzen und dachte: „Wenn ich den Krieg
überlebt habe, sterbe ich nicht in diesem Theater." Und so überlebte sie. Lotty erzählte, wie
sie sich an den Rauchgeruch erinnerte, als sie
nach Hause kamen und ihre Großmutter, ihre
Freundinnen und ihre Mutter ruhig in der Küche
vorfanden. Solche Alltagsszenen wie die Situation in der Küche finden sich auch in Lottys
frühen Arbeiten als Druckgrafikerin wieder
– eine Praxis, die mit dem Putsch abrupt endete.
Das Bedürfnis, eine neue Sprache in ihrer Kunst
zu finden, entstand und so begann sie mit der
Verwendung von Zeichen.

PK: Welche Aspekte ihrer Identität als
Tochter eines jüdisch-deutschen Flüchtlings
erkennst du in deinem eigenen Leben oder
in deinem Verständnis ihrer Arbeit wieder?

ACR: Ich erkenne es in meinem Engagement für
Erinnerung. Wie Lotty dokumentierte, archiviere
und bewahre auch ich – durch Schreiben, Bilder
und persönliche Objekte. Ihre Arbeit schuf ein
Gleichgewicht zwischen dem Persönlichen und
dem Kollektiven, und diese Perspektive prägte
mein Verständnis sowohl ihres Vermächtnisses
als auch meiner eigenen Praxis. Es ist ein Erbe
der Erinnerung als Form der Resilienz.

PK: Lottys Werk wurde in den letzten
Jahren von feministischen Bewegungen

und in öffentlichen Aktionen neu aufge-
griffen. Glaubst du, dass ihre Familiengeschichte in diesen Würdigungen ange-
messen berücksichtigt wird, oder müsste
sie stärker ins Gespräch gebracht werden?

ACR: Ihre Familiengeschichte muss noch stärker
thematisiert werden. Ich denke, dies ist das erste
Mal, dass wirklich so tiefgehend darüber gesprochen wird. Diese Entdeckung geht einher mit
den Recherchen, die ich seit ihrem Tod durchge-
führt habe. Ich habe das gesamte Familienarchiv
geerbt, das zuvor von ihren Eltern, Ernst und
Arsenia, aufbewahrt wurde und nun von meinen
Kindern weitergeführt wird. Durch die Recherchen mit dir, Paula, und dank der Originaldoku-
mente meiner Urgroßeltern konnte ich meine
polnische Staatsangehörigkeit erhalten. Es fühlt
sich an wie eine Rückkehr nach Hause, ohne
wegzugehen. Es ist, als hätte ich eine Schuld
meinen Vorfahren gegenüber beglichen, oder
als hätten sie mir ein Geschenk gemacht.

PK: Wenn Lotty heute über das Erbe ihres
Vaters nachdenken würde, besonders
angesichts des globalen Wiederauflebens
von Antisemitismus und Autoritarismus
– was, denkst du, würde sie sagen?

ACR: Geschichte wiederholt sich.

PK: Siehst du sie als Teil einer größeren
generationsübergreifenden Geschichte des
Widerstands – von Ernsts Flucht vor dem
Faschismus, über Lottys Widerstand unter
Pinochet, bis hin zu heutigen Kämpfen für
Gerechtigkeit und Erinnerung?

ACR: Ja, absolut. Ihr Leben und Werk sind Teil
eines Kontinuums von Resilienz und Widerstand.
Ihre Arbeit, die sich dem Kampf für Gerechtigkeit
und Erinnerung verschrieben hat, ist ein leben-
diger Körper, der weiterhin die Macht herausfor-
dert und für Minderheiten spricht.

PK: Eine von Lotty Rosenfelds Arbeiten,
die in der Ausstellung zum ersten Mal
gezeigt wird, ist ein Foto deportierter Juden
in Amsterdam, das sie bearbeitet, teilweise
durchlöchert und mit weißem Klebeband
überlagert hat. Kannst du mehr über die
Entstehung dieses Werkes erzählen?

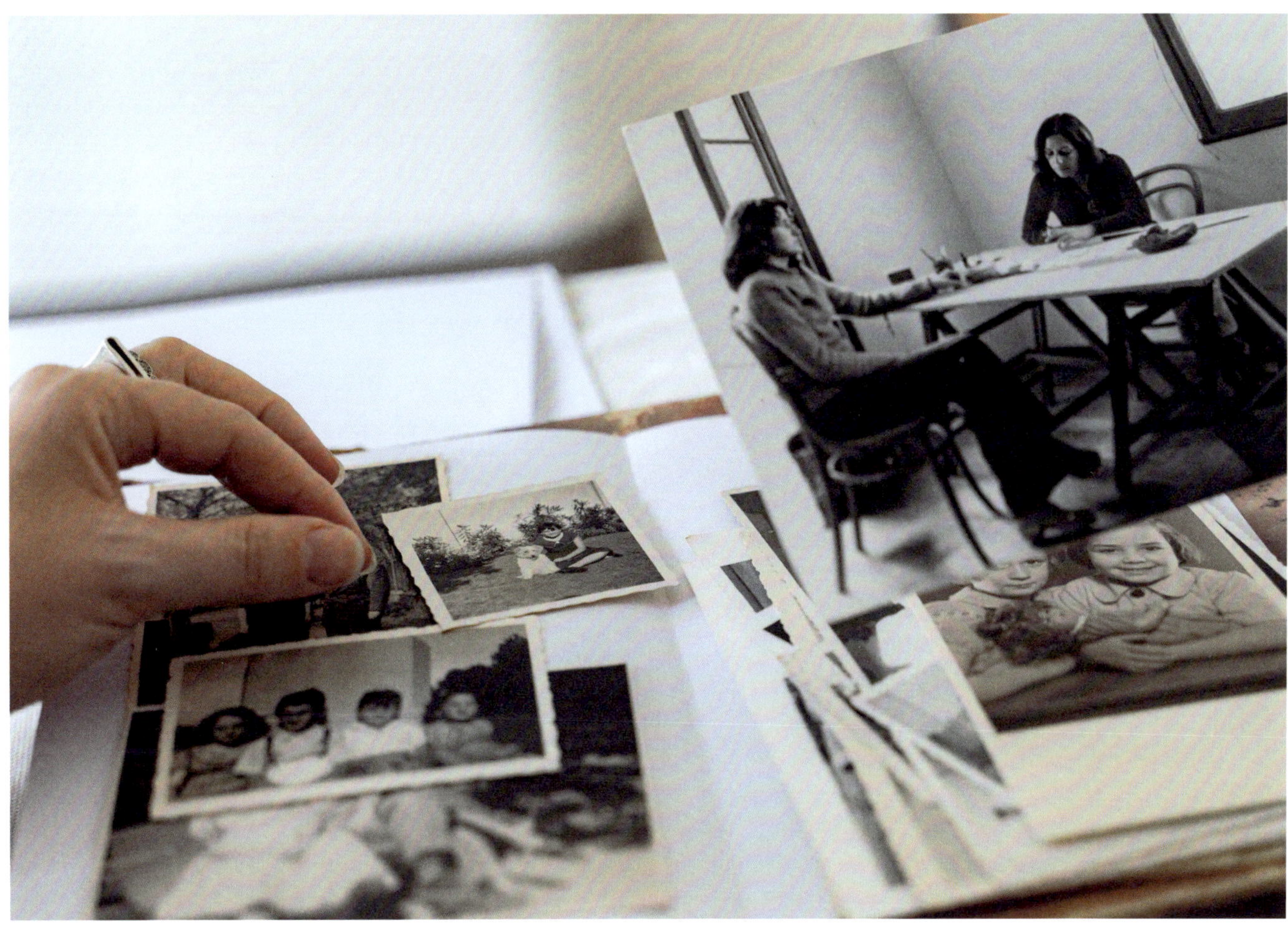

ACR: Dieses Werk war für sie lange Zeit von großer Bedeutung. Sie bewahrte es in einer speziellen Mappe auf, es hatte einen besonderen Platz unter ihren Arbeiten. Entstanden 1978, antizipierte es das Motiv der weißen Linie, das sie später immer wieder verwendete. Diese Intervention holte die Erinnerung an den Holocaust hervor und sie machte sichtbar, was ihr Vater erlitten hatte. Es markierte eine neue Richtung in ihrer Kunst, den Beginn ihrer bedeutendsten Werkphase.

PK: War dieser Akt des Markierens des Bildes als persönliche Auseinandersetzung mit der Vergangenheit ihres Vaters gedacht? Oder eher als Geste der Rückeroberung der Handlungshoheit über ein historisches Trauma durch Kunst?

ACR: Vielleicht beides – eine Geste der Heilung und der Anklage.

PK: Dieses Werk unterscheidet sich radikal von ihren performativen Straßenaktionen – es ist stärker archivalisch, direkter mit der historischen Erinnerung verbunden. Wie

stand sie zum Medium Fotografie als Ort der Intervention und nicht nur der Dokumentation?

ACR: Sie bewegte sich sehr frei zwischen den Medien. Dieses Foto war vielleicht ihre erste öffentliche Intervention – sie gab den Menschen auf dem Bild ihre Handlungsfähigkeit zurück. Durch das Schneiden und Perforieren machte sie die Risse in der Geschichte sichtbar und bekundete ihre Überzeugung, dass die Stimmen derer, die keine mehr hatten, an die Oberfläche gelangen müssen.

PK: Lottys Performance im Hafen von Valparaíso, bei der sie auf einem „+" steht, ist eine eindringliche, ortsspezifische Geste. Siehst du darin eine Fortsetzung ihrer früheren Durchkreuzungen oder war sie auch ein direkter Kommentar zu Chiles Position als Durchgangsland für Exilant:innen und koloniale/imperiale Ströme?

ACR: In vieler Hinsicht verbindet sich darin Persönliches und Kollektives. Valparaíso hatte für sie eine besondere familiäre Bedeutung: ihre

Mutter wurde dort geboren, ihre Großeltern kamen dort nach ihrer Flucht aus Europa an, ebenso wie ihr Vater und ihre Tante. Der Hafen war Teil ihrer inneren Landschaft. Indem sie an diesen Ort zurückkehrte, reflektierte sie nicht nur das politische Klima Chiles zu dieser Zeit, sondern bezog sich auch auf eine längere Geschichte; eine Geschichte der Migration, des Exils und der kolonialen Passagen. Es war zugleich eine intime und eine geopolitische Geste, die ihren Körper in einem von Bewegung und Bruch geprägten Raum positionierte.

PK: Häfen sind Orte des Aufbruchs und des Ankommens, so trug dieser Ort angesichts der erzwungenen Migration ihres Vaters von Europa nach Chile für sie auch eine persönliche Bedeutung, vielleicht sogar unbewusst?

ACR: Absolut. Valparaíso war ein Ort voller Erinnerung – schön, komplex und aufgeladen. Später lebte ich selbst dort. Der Hafen hatte eine tiefe emotionale Bedeutung, denn er war ein Schwellenort in der Familiengeschichte, ein Ort, an dem aus Exil ein zerbrechlicher Anfang wurde. Auch wenn es nicht immer bewusst formuliert wurde, war die Bedeutung von Valparaíso in Lottys Arbeit unverkennbar.

PK: Siehst du einen symbolischen Zusammenhang zwischen dieser Aktion im Hafen und ihrer allgemeinen Verwendung des Körpers als Zeichen der Widersetzung, sowohl als Fixpunkt als auch als Störung im öffentlichen Raum?

ACR: Ja, unbedingt. Sie nutzte ihren Körper als Achse – im wörtlichen wie im symbolischen Sinn. In Valparaíso, und später auch an der Grenze zwischen Ost- und Westdeutschland, stellte sie sich selbst in den Mittelpunkt des umkämpften Raums. Es war eine bewusste Handlung: Sie positionierte ihren Körper in der Schusslinie – sowohl als Zeugin als auch als Unterbrechung. Ihre Anwesenheit war Ausdruck ihrer Weigerung, passiv zu bleiben – sie verkörperte die Spannung zwischen Teilung und Widerstand.

PK: Lotty sagte einmal: *„Esta línea es mi arma"* – „Diese Linie ist meine Waffe".

Wie sprach sie zuhause über die politische Kraft von Symbolen? Wurde Kunst immer als Form des Widerstands betrachtet?

ACR: Um ihre Worte zu zitieren: „Alle Kunst ist politisch – sogar ein Blumenaquarell."

PK: Die Mehrdeutigkeit ihres „+" – zugleich Wunde, Naht, Verweigerung und Überschuss – verleiht ihrem Werk enorme poetische und politische Tiefe. Glaubst du, dass ihr jüdisches Erbe, mit seiner starken kulturellen Gewichtung von Sprache, Interpretation und Überleben, eine Rolle in dieser vielschichtigen visuellen Sprache spielte?

ACR: Es durchzieht ihr gesamtes Werk.

PK: Wie siehst du rückblickend die Entwicklung ihrer Verwendung der Linie – von den Fotografien historischer Traumata bis zu den Straßen Chiles? Hat sich ihre Sicht auf dieses Symbol im Laufe der Zeit verändert, oder blieb seine Kraft für sie konstant?

ACR: Die Linie blieb für Lotty ein konstantes Symbol – ihre Kraft ließ nie nach. Sie sagte oft, dass ihre Arbeit noch immer relevant sei, da die darin behandelten Themen – Frauenrechte, Widerspruch, Kapitalismus – nach wie vor aktuell sind. Darum wirken ihre Interventionen bis heute: Sie schöpfen Kraft aus der Geschichte, sprechen aber mit Dringlichkeit zur Gegenwart.

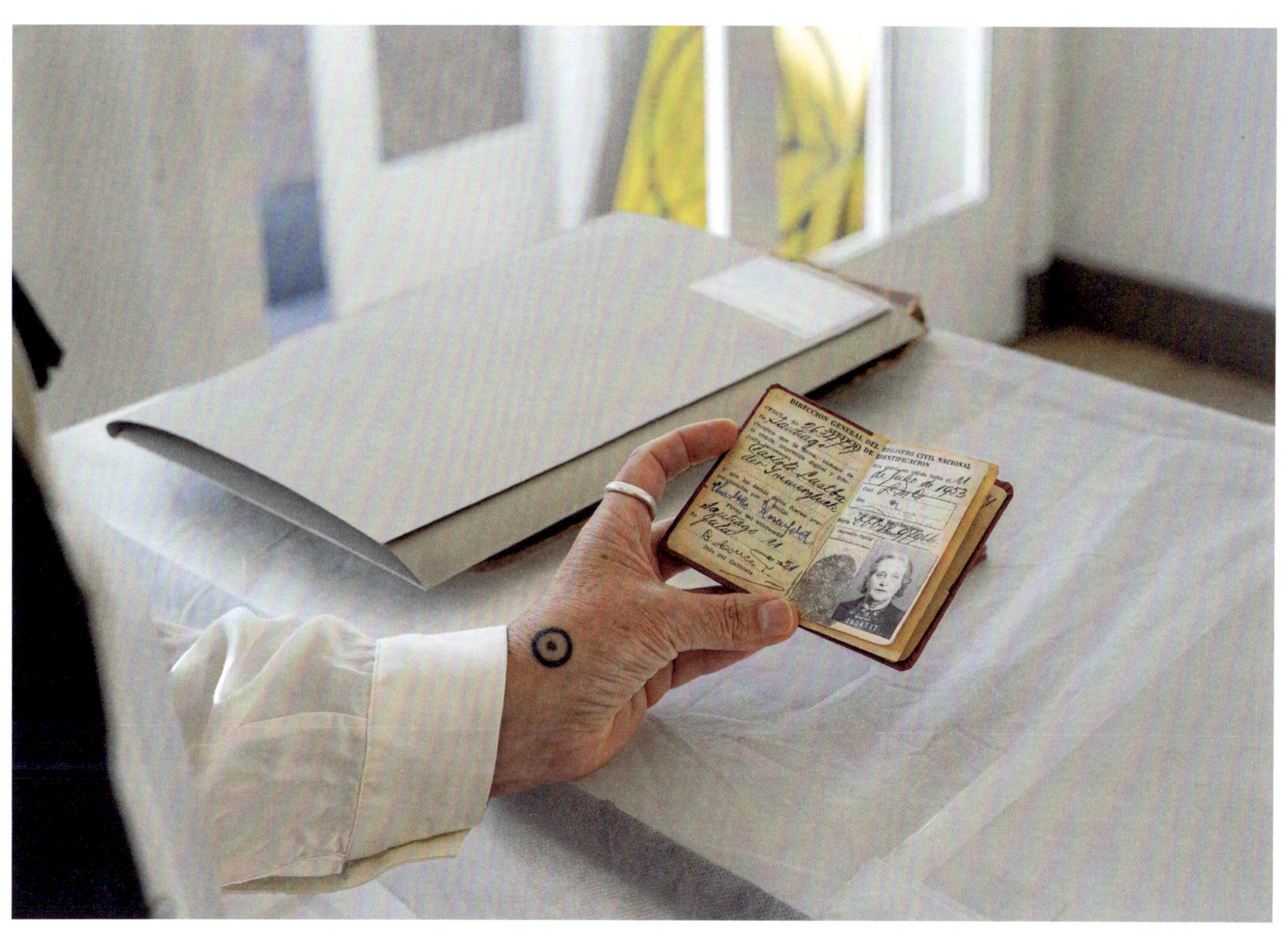

Alejandra Coz Rosenfeld hält den Chilenischen Pass ihrer Großmutter von 1951, 2025
Alejandra Coz Rosenfeld holds her grandmother's Chilean passport from 1951, 2025

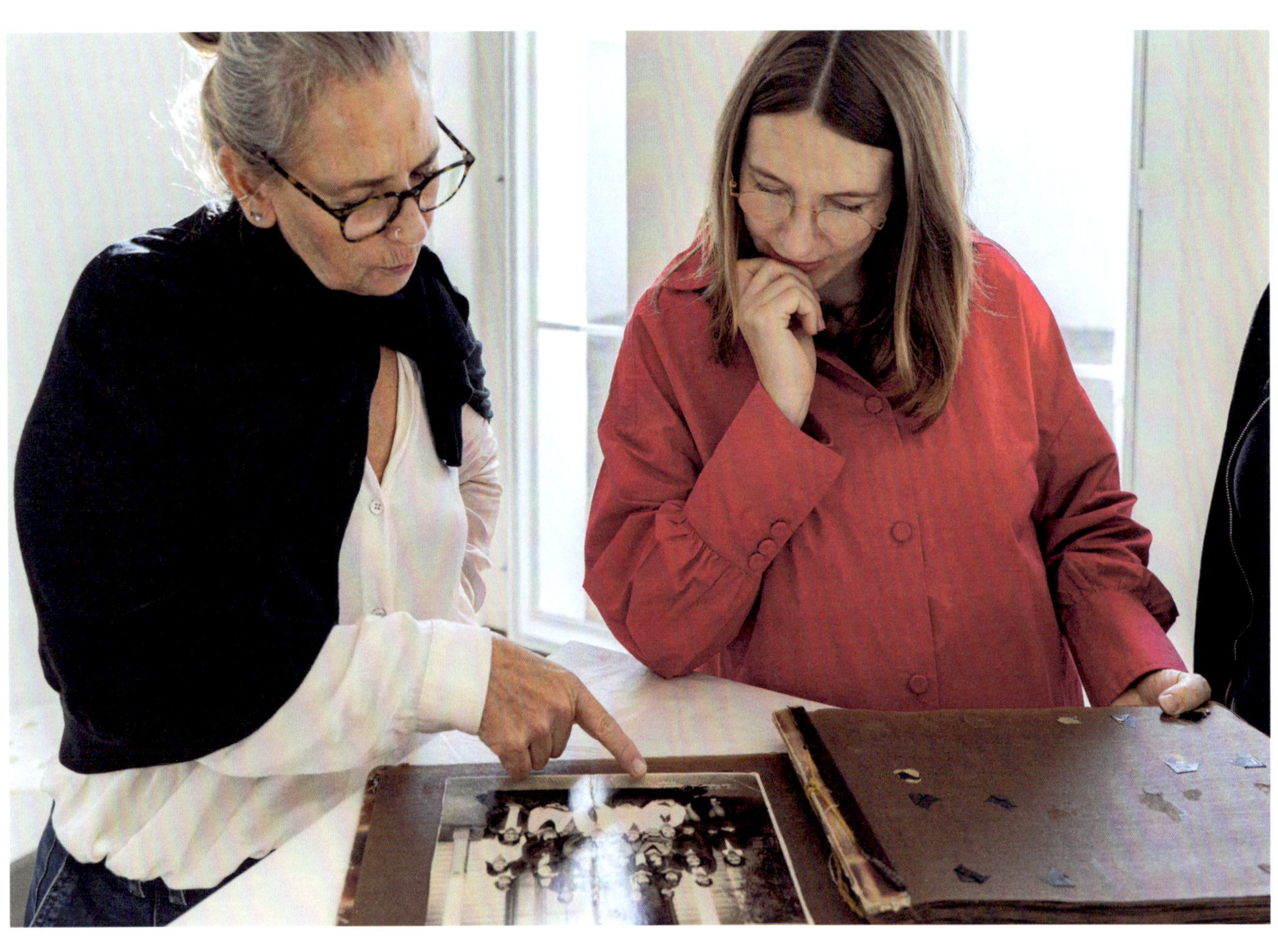

Alejandra Coz Rosenfeld und Paula Kommoss sichten Archivbilder der Fundación Lotty Rosenfeld, 2025
Alejandra Coz Rosenfeld and Paula Kommoss look at archive images from the Fundación Lotty Rosenfeld, 2025

A conversation between Paula Kommoss
and Alejandra Coz Rosenfeld

Paula Kommoss: Lotty Rosenfeld was the
daughter of Ernst Rosenfeld, a German-
speaking Jewish migrant who fled to Chile
just prior to World War II. In what ways
doyou think your grandfather's history of
displacement and survival shaped your
mother's worldview—both personally
and artistically?

Alejandra Coz Rosenfeld: Her personal and
ancestral history left a profound mark on her,
awakening a special, almost intuitive sensitivity.
The question of justice was a constant presence in
her life. She was a trailblazing, forward-thinking
woman. Artistically, she was deeply attuned to
themes of migration, repression, violence, and
loss. Growing up knowing she was "different"—
even energetically—shaped her. Her ancestors
had lived such diverse and remarkable lives, and
that history permeated her being.

PK: Did your mother ever speak about her
Jewish-German roots or her father's experiences during the war in relation to her own
identity as an artist and activist?

ACR: She always spoke about it—it's something
that has been passed down through generations,
since I also speak about it, and my cousins,
Rodolfo's (Lotty's brother) children, do as well.
We somehow share its custody; in fact, we even
have a WhatsApp group called "Hotel Rome."
She would often say, in situations where she or
others felt displaced: "It's because I'm a woman,
and also because I'm Jewish." She wasn't religious—she went to a Catholic school and was
even married in the Church. [Her father] Ernst
didn't speak much about his background; when
he did, he spoke of [his sister] Steffi. I never
heard him speak of the horrors of the war, but he
suffered for many years from night terrors and
panic attacks. It was something unmistakably
presentin her life.

PK: Was there a conscious dialogue in your
family about exile, trauma, or resilience,
and how might that have intersected with
your mother's deep engagement in political
resistance during the Pinochet regime?

ACR: It wasn't openly discussed, but my parents
and my grandparents, they taught us resilience
through their actions.

My grandparents were public figures—run-
ning a café in Santiago visited by the social and
cultural elite. They were known for their social
activism; Ernst was a founder of the Sociedad
Pro Ayuda al Niño Lisiado, an organization that
provides support for children with disabilities.
It began with just him and two other doctors
visiting children in their homes in a small truck.
Just as Lotty is an example for feminism in Chile,
Ernst left his mark of resilience on the family
and on many others. Today, there are 14 insti-
tutes [run by the organization] throughout Chile.
My grandparent's third child, Patricia, died aged
four from leukemia and spina bifida. For Lotty,
the death of her sister ingrained in her the
importance of speaking up for those on the
margins, and also influenced her political resistance. Perhaps her resistance and struggle were
twofold—for herself and for those who could not
resist. Ernst made visible what people did not
want to see and what, at that time, was often
hidden, with many [children] left bedridden
because there was no one to help them. As a
result, Lotty grew up knowing, very closely, that
painful reality of the unheard. She did the same
[thing] in a different way.

PK: Given that Ernst Rosenfeld came from
a European context marked by Fascism,
how do you think this legacy informed
Lotty's later opposition to authoritarian
power in Chile?

ACR: His experiences spoke volumes; he taught
by example. He was gentle, grateful, and kind;
he rarely spoke about politics, his history was
the underlying force in her resistance. I imagine
it's something carried in the DNA—the wound
left by the Nazis resurfaced with the coup and
found expression in her art.

PK: The cross or "+" sign in your mother's
work carries multiple meanings—from refusal
to addition, from death to potential. Do you
think this ambiguous yet powerful symbol
was, in any way, a reflection of her layered
identity as the daughter of a Holocaust-era
refugee and as a Latin American woman
living under the dictatorship?

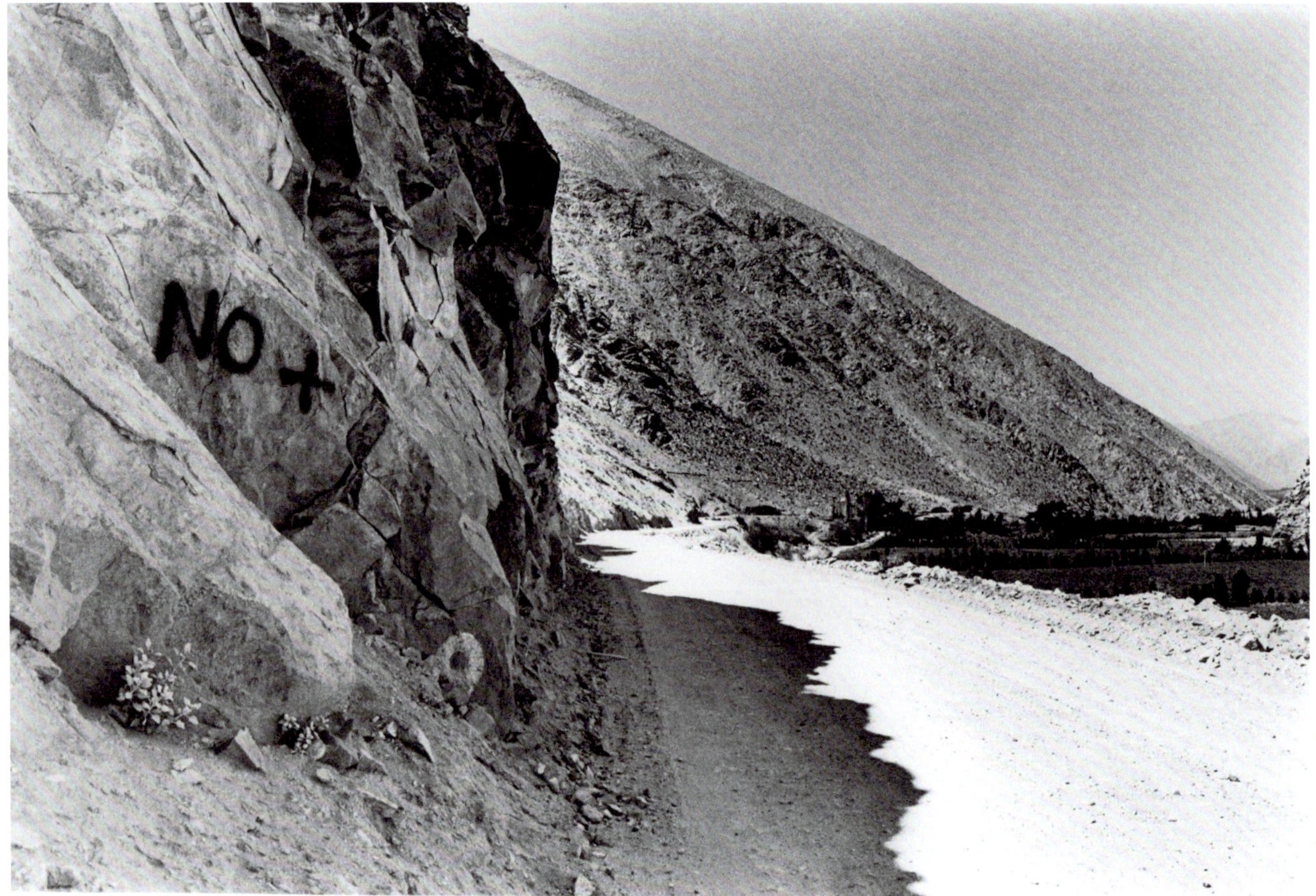

CADA, *NO+*, ca 1983

ACR: Absolutely. She stood in solidarity with anyone unable to speak freely. Lotty chose this universal symbol so that everyone could understand. Every day she embodied independence—marking paths, creating escape routes for others—inviting people to think for themselves, to ask questions, and to listen to their own voice. Also it's a very economical and precise gesture. "Less is more," she used to say.

PK: CADA's use of language and interventionist strategies often played with systems of communication and disruption. Do you see a link between this approach and a diasporic sensibility — one that navigates between languages, cultures, and histories?

ACR: Of course there's a connection. CADA brought together very different individuals—visual artists like Lotty and Juan Castillo, writer Diamela Eltit, poet Raúl Zurita, and sociologist Fernando Balcells—each with distinct backgrounds and political sensibilities. Their differences created a powerful, diasporic synergy, united by the shared urgency of resisting the dictatorship. They worked with minimal means—lines, symbols, silence—crafting poetic, cryptic gestures that could evade censorship while still speaking volumes.

Lotty was often seen as bourgeois, while Castillo came from the northern desert and lived in exile in Sweden; Eltit had Palestinian roots. Each brought their own biography in the work. Their actions—such as the iconic "NO+" and the Ay *Sudamérica!* leaflet drop—were subtle, precise interventions that infiltrated public space, media, and language itself. Their collective spirit also defied growing neoliberal individualism. Lotty, together with Diamela, for example, designed the *Mujeres por la Vida* poster based on an earlier CADA work—the image of a widow that became a powerful feminist symbol. These acts were not only artistic gestures, but also forms of resistance, memory, and survival.

PK: Did Lotty ever reflect on the notion of "belonging"—whether to Chile, to Jewish heritage, or to the global feminist and political movements she was part of?

ACR: Lotty reflected deeply on belonging but resisted being defined by any single identity. Chile was her home, and her Jewish heritage shaped her worldview—but she always thought expansively. Her feminist work spanned from graphic design, like the *Mujeres por la Vida* poster, to historical research. Together with Diamela Eltit, she created the Archivo Eltit-Rosenfeld, a collection of interviews and documents on Chile's women's suffrage movement, now housed at the Pontifical Catholic University of Chile. It stands as a testament to their political and artistic engagement. Her Jewish heritage quietly permeated all of it.

PK: Your mother's work was not only political but profoundly feminist. How did her personal history—being raised by a father marked by exile—shape her sense of resistance, care, and disobedience as a woman and artist?

ACR: It influenced her throughout her life. Her father's exile and the European history he carried instilled in her a sensitivity to injustice and a drive to intervene wherever she could. This influenced her practice in art and in life, and her insistence on questioning authority and norms. She was profoundly feminist.

PK: How did Lotty's family story influence the way she parented—or the way she spoke to you about justice, identity, or courage?

ACR: She always educated from a place of freedom, allowing space for questioning, for discovering who we are, for embracing difference and being different. Her stories were woven with the past and the present, through images, archives, and treasures loaded with sentimental value—like my or my brother's baby shoes—that she kept. One story passed down through generations was a time when Charlotte Rosenfeld was sitting in a theater that caught fire. While everyone else jumped from the upper balcony to the ground floor, she stayed seated because she thought, "If I didn't die in the war, I won't die sitting in this theater." And so she survived. Lotty recounted that she remembered the smell of smoke when they returned home and found her grandmother with her friends and her mother calm in the kitchen. Those kinds of everyday scenes can also be seen in her early work as a printmaker, a practice that came to an abrupt halt with the coup. The need to find a new language in her art emerged then, and it was there that the "+" sign was born.

PK: What parts of her identity as the daughter of a Jewish-German refugee do you see echoed in your own life or in your understanding of her work?

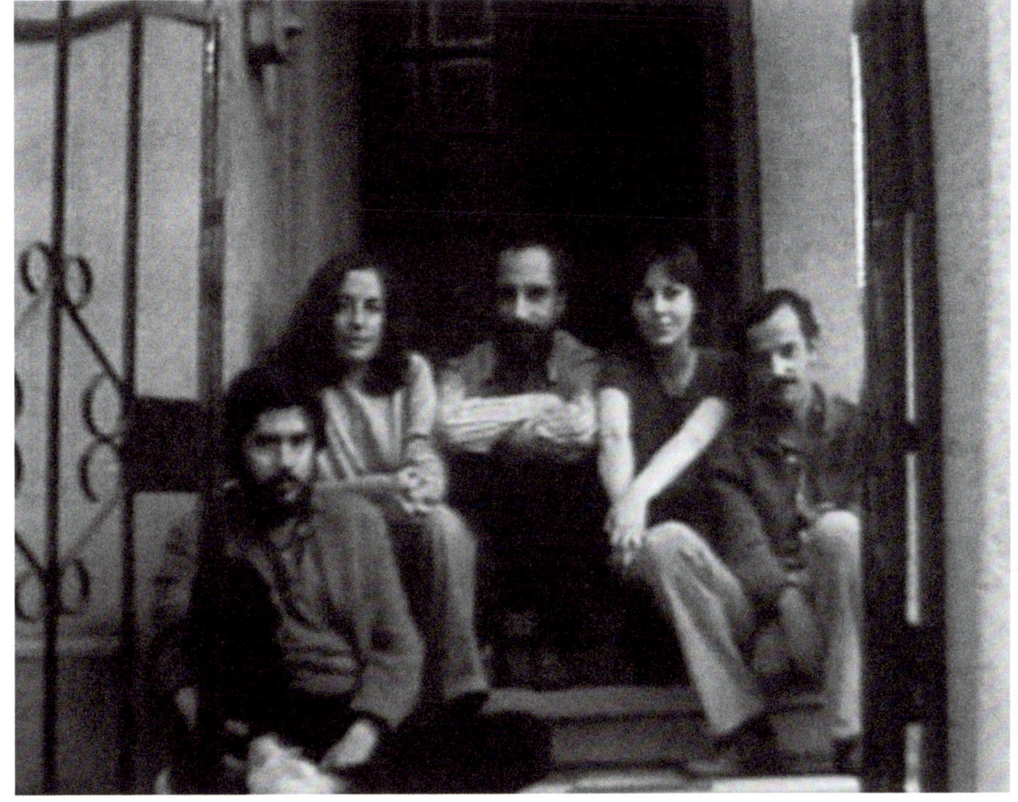

CADA, group photo, 1980s

ACR: I see it in my commitment to memory. Like Lotty, I document, archive, and preserve—through writing, visuals, and personal artifacts. Her work balanced the personal and collective, and that perspective shaped how I understand both her legacy and my own practice. It's an inheritance of memory as a form of resilience.

PK: Your mother's work has recently been reactivated in feminist movements and public interventions. Do you feel that her family history is well understood in these tributes, or is it something that still needs to be brought more into the conversation?

ACR: I think this is the first time it's being discussed in depth, and this discovery comes alongside the research I have carried out since her death, as I inherited the entire family archive she safeguarded—previously preserved by her parents Ernst and Arsenia, and now to be kept by my children. Partly because of this research with you, Paula, and thanks to having original documents from my great-grandparents, I was able to obtain my Polish citizenship. It's like coming back home without having to leave. It's like a debt paid to the ancestors or a gift from them.

PK: If Lotty were to reflect on her father's legacy today, especially in light of global resurgences of antisemitism and authoritarianism, what do you think she would say?

ACR: History repeats itself.

PK: Do you see her as part of a larger transgenerational story of resistance—from Ernst's escape from Fascism to Lotty's defiance under Pinochet, to today's struggles for justice and memory?

ACR: Yes, absolutely. Her life and work are part of a continuum of resilience and resistance. Her work, engaged in the struggle for justice and memory, is a living body of work that continues to challenge power and speak for minorities.

PK: One of Lotty Rosenfeld's more rarely exhibited works involves cutting into a photograph of Jews being deported in Amsterdam, overlaying it with white lines. Can you tell us more about the genesis of this piece? What led her to work directly with such a powerful and painful historical image?

ACR: That piece was always significant to her. She kept it in a special folder—it held a unique place among her works. Created in 1978, it prefigured the white line motif she continued to use. This intervention surfaced Holocaust memory—revealing what her father had endured. It marked a new direction in her art, the beginning of her most acclaimed work.

PK: Was this act of marking the image intended as a personal confrontation with her father's past—or more broadly, as a gesture of reclaiming agency over historical trauma through art?

ACR: Perhaps both—a gesture of healing and denunciation.

PK: This work is radically different from her performative street actions—more archival, more directly linked to historical memory. How did she relate to the medium of photography as a site of intervention, rather than simply documentation?

ACR: She worked fluidly across mediums. That photograph was perhaps her first public intervention—giving agency back to those disempowered in the image. Her cutting and perforating spoke to cracks in history—and the belief that these voices need to make their way to the surface.

PK: Lotty's performance at the port of Valparaíso—where she stands on an "+"—is a striking site-specific gesture. Do you see this act as a continuation of her earlier "crossings," or was it also a direct commentary on Chile's position as a gateway—both for exiles and for colonial/imperial flows?

ACR: In many ways, this performance intersects with personal and collective memory. Valparaíso held deep familial resonance—her mother was born there, her grandparents disembarked there after fleeing Europe, as did her father and aunt.

The port was part of her inner landscape. By returning to that site, she was not only marking the political climate of Chile at the time but also invoking a longer history—of migration, exile, and colonial passage. It was both an intimate and geopolitical gesture, anchoring her body in a space layered with movement and rupture.

PK: Ports are sites of departure and of arrival. Given her father's forced migration from Europe to Chile, do you think this location carried personal meaning for her—perhaps even unconsciously?

ACR: Absolutely. Valparaíso was a place of layered memory—beautiful, complex, and charged. Later, I myself lived nearby. The port held a deep emotional weight; it was a threshold in her family's story, a site where exile turned into fragile beginnings. Even if not always consciously stated, the resonance of Valparaíso was unmistakable in Lotty's work.

PK: Do you see a symbolic connection between this act at the port and her broader use of the body as a sign of refusal—as both anchor and interruption in public space?

ACR: Yes, absolutely. She used her body as an axis—both literally and symbolically. In Valparaíso, and again at the border between East and West Germany, she placed herself at the very center of contested space. It was a deliberate act: positioning her body in the line of fire, as both witness and interruption. Her presence marked a refusal to be passive— she embodied the tension between division and resistance.

PK: Lotty once said, "Esta línea es mi arma"—"This line is my weapon." How did she talk about the political power of symbols in your home? Was art always framed as a form of resistance?

ACR: To use her words: "All art is political—even a flower painted in watercolor."

PK: The ambiguity of her "+"—simultaneously a wound, a stitch, a refusal, and a surplus—gives her work incredible

poetic and political depth. Do you think her Jewish heritage, with its deep cultural emphasis on language and interpretation, played a role in her use of this multi-layered visual language?

ACR: It crosses and has crossed her work in its entirety.

PK: In retrospect, how do you see the evolution of her use of the line—from the photographs of historical trauma to the streets of Chile? Did her view of this symbol change over time, or was its power consistent for her throughout?

ACR: The line remained a constant symbol for Lotty—its power never diminished. She often said her work was still relevant because the issues it addressed—women's rights, dissent, capitalism—were unresolved. That's why her interventions continue to resonate: they draw strength from history, but speak urgently to the present.

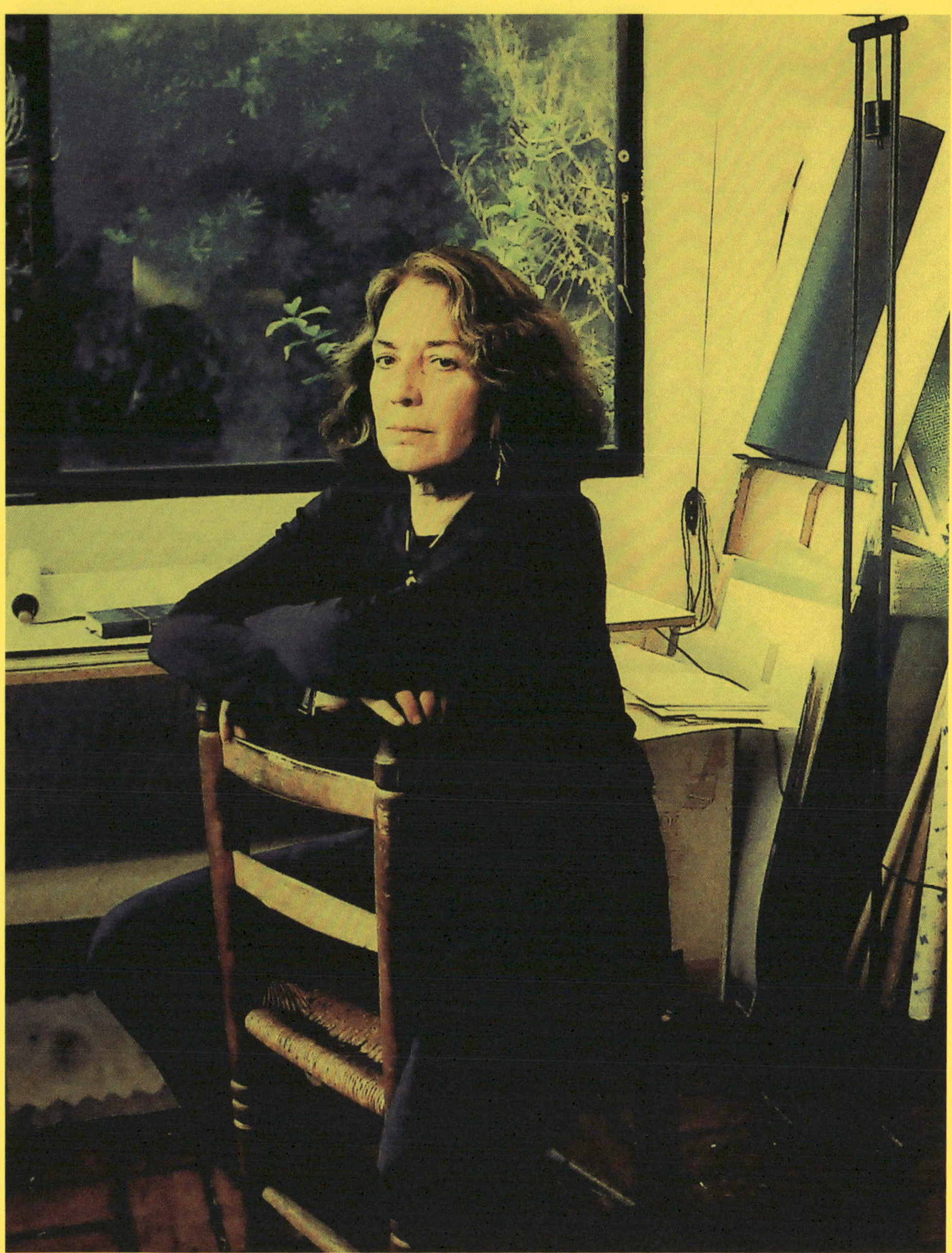

Lotty Rosenfeld, 2007

BIOGRAFIE

Lotty Rosenfeld (1943–2020, Santiago de Chile, CL) war eine chilenische Künstlerin und Pionierin einer sozial engagierten Kunstpraxis. In ihren Arbeiten hinterfragte sie die öffentliche Wahrnehmung von Symbolen und sozialen Realitäten. 1979 gründete Rosenfeld gemeinsam mit dem Künstler Juan Castillo, dem Soziologen Fernando Balcells, der Schriftstellerin Diamela Eltit und dem Dichter Raúl Zurita das interdisziplinäre, politisch-künstlerische Kollektiv CADA (Colectivo de Acciones de Arte), um sich gegen das totalitäre Regime in Chile zu wehren. CADA führte in Chile und an anderen Orten im öffentlichen Raum Aktionen aus, an denen sowohl Zivilist*innen als auch Aktivist*innen und Politiker*innen beteiligt waren. Mit diesen Aktionen wurde Kritik an totalitären Machtstrukturen und politischen Ungerechtigkeiten geübt. Der vom Kollektiv entwickelte Slogan „NO+" etablierte sich zum Symbol des Widerstands in der Pinochet-Diktatur und wird bis heute verwendet.

Rosenfeld studierte von 1963 bis 1968 an der Escuela de Artes Aplicadas, Universidad de Chile, CL und spezialisierte sich dort auf Druckgrafik. Bereits zu Lebzeiten stellte sie in bedeutenden Museen aus, darunter im Museum of Modern Art (MoMA), New York, im Hammer Museum, Los Angeles, und im Brooklyn Museum, New York (alle USA). Ihre Arbeiten wurden im chilenischen Pavillon auf der 56. Biennale di Venezia (IT, 2015) sowie auf der documenta 12 in Kassel (DE, 2007) präsentiert. Sie erhielt den Premio Altazor de las Artes Nacionales (2003), den Paoa-Preis beim Internationalen Filmfestival von Viña del Mar (2001) sowie den Premio a la Trayectoria Artística vom Círculo de Críticos de Arte de Chile (1995). Ihre Werke befinden sich unter anderem im Museo de Arte Contemporáneo in Santiago de Chile (CL) im Museo Nacional Centro de Arte Reina Sofía, Madrid (ES), in der Tate Modern, London (UK) und im MoMA in New York (USA).

BIOGRAPHY

Lotty Rosenfeld (1943–2020, Santiago de Chile, CL) was a Chilean artist and pioneer of socially engaged art practices. In her work, Rosenfeld challenged public perceptions of symbols and social realities. Together with the artist Juan Castillo, sociologist Fernando Balcells, writer Diamela Eltit, and the poet Raúl Zurita, Rosenfeld founded the interdisciplinary political-artistic collective CADA (Colectivo de Acciones de Arte) in 1979, as a means to oppose the authoritarian military dictatorship in Chile, led by Augusto Pinochet. In Chile and elsewhere, CADA carried out actions in public spaces that involved civilians as well as activists and politicians, and that encouraged criticism of totalitarian power structures and political injustices. The slogan conceived by the collective, "NO+" was established as a symbol of resistance during the Pinochet regime and is still used today.

Rosenfeld studied at the Escuela de Artes Aplicadas, Universidad de Chile, from 1967 to 1969, where she specialized in printmaking. During her lifetime, she exhibited at major museums including the Museum of Modern Art (MOMA) New York, the Hammer Museum, Los Angeles, and the Brooklyn Museum, New York (all USA). Her work was featured at the Chilean Pavilion at the 56th Biennale di Venezia, Italy (2015), and at documenta 12, Kassel, Germany (2003). She received the Premio Altazor de las Artes Nacionales (2003), the Paoa Prize at the Viña del Mar International Film Festival (2001), and the Premio a la Trayectoria Artística from the Círculo de Críticos de Arte de Chile (1995). Her works can be found in the Museo de Arte Contemporáneo, Santiago de Chile, Chile; Museo Nacional Centro de Arte Reina Sofía, Madrid, Spain; Tate, London, UK; and MOMA, New York, USA.

IMPRESSUM

Diese Publikation erscheint anlässlich der Ausstellung
LOTTY ROSENFELD
ESTA LÍNEA ES MI ARMA

OVERBECK-GESELLSCHAFT
KUNSTVEREIN LÜBECK
21. September 2025 –
25. Januar 2026

HERAUSGEBERIN
Paula Kommoss

RECHERCHE
Alejandra Coz Rosenfeld

TEXTE
Paula Kommoss

LEKTORAT
Jess Clifford,
Anne Levke Vorbeck

DESIGN
Marius Schwarz
mit Dasha Glushkova

PROJEKTMANAGEMENT
Marius Bolduan, Kerber Verlag

HERSTELLUNG
Jens Bartneck, Kerber Verlag

DRUCK
MMC Memmingen

PAPIER
Juwel HF Offset, weiß

SCHRIFT
Optima

OVERBECK-GESELLSCHAFT
KUNSTVEREIN LÜBECK

DIREKTORIN
Paula Kommoss

ASSISTENTIN
Talia Walther

ORGANISATION
Pascal Simm

FSJ-KULTUR
Svala Schnorr

INSTALLATION
Robin Stretz

EHRENAMTLICHE
Bernd Budich, Antoinette Moore, Monika Rademacher, Larissa Rohrbach, Marianne Rühmland-Pfeiffer, Dr. Gisela Schmitz von Briel, Jutta Petri

VORSTAND
Friederike Brüggen, Annette von Gerlach-Zapf, Prof. Christian Klawitter (Vorsitzender), Jan Henrik Pratje, Detlef Hellwig

BEIRAT
Dr. Alexander Bastek, Marlies Behm, Waltraud Mallach, Sandra Rademacher, Angela Siegmund, Dr. Felicia Sternfeld

In Kooperation mit der
FUNDACIÓN LOTTY ROSENFELD

DIREKTORIN
Alejandra Coz Rosenfeld

COLOPHON

This publication is released to accompany the exhibition
LOTTY ROSENFELD
ESTA LÍNEA ES MI ARMA

OVERBECK-GESELLSCHAFT
KUNSTVEREIN LÜBECK
September 21, 2025 –
January 25, 2026

EDITOR
Paula Kommoss

RESEARCH
Alejandra Coz Rosenfeld

TEXTS
Paula Kommoss

EDITING
Jess Clifford,
Anne Levke Vorbeck

DESIGN
Marius Schwarz
with Dasha Glushkova

PROJECT MANAGEMENT
Marius Bolduan, Kerber Verlag

PRODUCTION
Jens Bartneck, Kerber Verlag

PRINT
MMC Memmingen

PAPER
Juwel HF Offset, white

TYPEFACE
Optima

OVERBECK-GESELLSCHAFT
KUNSTVEREIN LÜBECK

DIRECTOR
Paula Kommoss

ASSISTANT
Talia Walther

ORGANISATION
Pascal Simm

FSJ-KULTUR
Svala Schnorr

INSTALL
Robin Stretz

VOLUNTEERS
Bernd Budich, Antoinette Moore, Monika Rademacher, Larissa Rohrbach, Marianne Rühmland-Pfeiffer, Dr. Gisela Schmitz von Briel, Jutta Petri

BOARD
Friederike Brüggen, Annette von Gerlach-Zapf, Prof. Christian Klawitter (Chair), Jan Henrik Pratje, Detlef Hellwig

ADVISORY BOARD
Dr. Alexander Bastek, Marlies Behm, Waltraud Mallach, Sandra Rademacher, Angela Siegmund, Dr. Felicia Sternfeld

In cooperation with
FUNDACIÓN LOTTY ROSENFELD

DIRECTOR
Alejandra Coz Rosenfeld

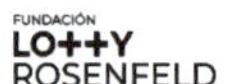
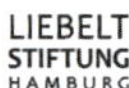
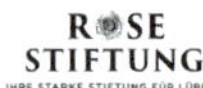
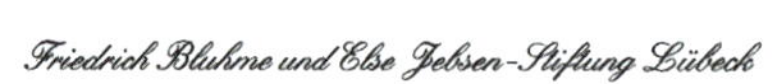
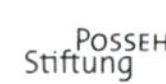
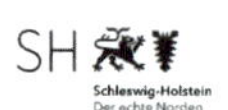